伊勢半本店

今日も盆踊り

はじめに

まさか人前で踊ることになるとは思わなかった。

29歳。独身男子。中学校まではどちらかというとクラスのお調子者キャラ。とにかくおどけて周りの人を笑わすことが好きだった。中学生の一時期、最も笑いの波長が合った友達と漫才コンビを結成して、本当にお笑いの道を志そうと思ったこともある。それぐらい「陽」の性格だった自分が、高校に上がると同時に正反対のネクラキャラに転身。目立つのが好きなのに実は性来の人見知り、このアベコベに共存する性格の後者が途端に猛威を振るいはじめ、以来ネクラ街道まっしぐら。高校時代は休み時間を寝たフリで乗り切り、大学時代は家と大学とバイト先の魔のトライアングルを描き、遊びを知らず、社会人になってからは関東育ちの自分には縁もゆかりもない名古屋に配属され、友達も、ましてや彼女もいないので休みの日は一人で動物園や美術館に通う寂しい生活を送った。特に動物が好きというわけでもない独身男が、休日の動物園でボンヤリと象がウンコをするのを眺めている光景、想像してみて欲しい。

そんな僕が盆踊りというオールドスクールなダンスカルチャーと出会ったのが、ここ3～4年のこと。人前で踊るなんて、そんなチャラそうな（偏見）遊びはもってのほかだったのであるが、人に誘われてたまたま参加した盆踊り大会がなぜか自分の性にガッチリ合ってしまった。おそるおそる輪の中に入って、見よう見まねで身体を動かす。ギャラリーもたくさんいる、失敗したら恥ずかしい、そんな不安が時間が経つごとに少しずつ打ち消されていく。段々と周りの光景が薄れていき、心と身体が一体化していく。気づくと一心不乱にビートに合わせて踊る自分に気づく。な、なんだコレは！　踊りが終わったあとは、不思議な高揚感、そしてひとつの予感があった。盆踊りってめちゃくちゃ楽しいんじゃないか？　それからポツポツとであるが、各地の盆踊りに参加するようになって、その予感は少しずつ「確信」へと変わっていった。

人に盆踊りの楽しさを（やや興奮気味に）話すと、「そういえば、子どもの頃は盆踊りやりましたねー」なんて回答が返ってくる。そういう話を聞くと、ちょっと羨ましいと感じてしまう。実は僕は大人になるまでまともに盆踊りに参加した経験がなかった。地元には地域の夏祭りのようなものはあったが、なぜか盆踊りだけがなかった気がする。だもんだから、いまだに盆踊りのスタンダードナンバーである「東京音頭」「炭坑節」がまともに踊れない。高校生ぐらいになると、実家の目の前に位置する小さな公園で、毎年地元の青年団（といっても構成員は中年ばかり）による夏祭りが開催されるようになった。焼きそば、フランクフルト、綿菓子なんておなじみの屋台と一緒に、公園の中央にやぐらが設置される。5日間ほど続く祭の期間は深夜10時まで盆踊り大会。ややノイズ混じりのテープ音源が大音量で流されるとともに、ドンドコと元気のいい太鼓のリズム。人生でもっともひねくれていた思春期の僕が近所の夏祭りになんて参加するはずもなく、毎晩夜遅くまで続く景気のいい祭り囃子に毎年イライラさせられていたのを覚えている。情緒なんてあったもんじゃない。特に神経のとがっていた受験シーズンの頃は、部屋のなかで参考書に向かいながら怒りの沸点を超えて「わー！」と叫びそうになったこと多々知れず。まあ、盆踊りにはあまりいい思い出がないのだ。

それなのに、ひょんなことからこうして盆踊りにハマってしまったわけで、人生というものはわからない。ダイイチ、恥ずかしながら30歳を間近にして、まだ僕の人見知り、ネクラ性というのはティーンエイジャーの頃とあまり変わっていない。人前で踊ることに、抵抗がないわけではない。というか、やっぱり一人で未知の盆踊りに参加するのはいまだに気が引ける。一方で、好奇心はふくれあがり、もっといろいろな盆踊りに参加してみたいという気持ちは日に日に大きくなっていく。調べてみると、

「東京音頭」や「炭坑節」、また佃島の念仏踊りだけでなく、全国には様々な形態の盆踊りが存在するらしい。というわけで一念発起した僕はひとつの挑戦をすることにした。この夏をひたすら盆踊りに費やそう。未知の体験を通じて、何かブレイクスルーをするきっかけになるかもしれない。ならないかもしれない。よくわからないけど、まあ楽しいからいいではないか。

というわけで楽しい盆踊りの日々のはじまりはじまり。

小野和哉

今日も盆踊り　目次

コラム

第2章　聞いてみた・踊る人たち　かとうちあき

植木
(株)伊勢半本店

第1章　踊ってみた・全国盆踊りの旅

小野和哉

ＤＪジジイがマイクとバチを握り江戸のビートを刻む
佃島念仏踊り
（東京・中央区）

いきなりそれはやってきた

「盆踊り、行きませんか？」

当時、まだうぶな盆踊りドーテーだった僕はその提案に「え？」と思わず目の前の女性の顔を二度見した。名前をかとうちあきさんという。この人がいなかったら、僕は盆

踊りというめちゃくちゃ楽しい遊びを知ることなく、一生を終えていたであろう。話は、2011年の夏までさかのぼる。まずは、僕が盆踊りにハマることになったきっかけをお話ししておきたい。

かとうさんは『野宿野郎』という「野宿」をテーマにしたミニコミ誌（自主制作の雑誌）をつくっている女性で、その奇抜な雑誌の内容と寝袋引っさげ一年中全国各地あらゆる場所で野宿をするという活動から一部界隈では名を馳せている方だ。実は自分も大学時代にたまたま入った書店で『野宿野郎』と出合い衝撃を受け、社会人になってから『恋と童貞』というおかしなミニコミを仲間と立ち上げた経緯がある。いわば「野宿野郎フォロワー」の一人だ。……いや、このまま『野宿野郎』の話を進めて行くと泥沼にはまって抜け出せなくなりそうになるので、説明を急ごう。

ミニコミ業界とは狭いもので、制作者同士は自然な流れで顔見知りになっていく。憧れの雑誌である『野宿野郎』のかとうさんと飲みの席をご一緒させてもらう機会に恵まれるようになったのも、やはり自分でミニコミを作るようになってからだ。

とある飲み会で、祭りの話題になった。かとうさんが青森のねぶた祭りが好きで毎年青森に遠征して、期間中ぶっ通しで跳人《はねと》として踊っているということ、さらにねぶた以外にも盆踊りで踊るのが好きだということ。おそらくそんな話の流れから「盆踊り行きませんか？」となったのだと思う。マジか。面白そうですけど、マジか。たぶん思考時間は0・8秒くらい。そして勢いで「はい、行きます！」と答えてしまったのだった。

会場の場所がわからない

お誘いいただいたのは、もんじゃ焼きでお馴染みの東京・月島からほど近い中央区佃で開催される「佃島念仏踊り」だ。なんでも江戸情緒のある趣ぶかい盆踊りであるらしい。楽しみだがそれにしても、もう盆踊りなんて何年も縁がない。というか、30年近く生きてきて盆踊りに参加した記憶がまったくない。不安だ。人前で踊るの不安だ。それに踊り方わかんないし、失敗したら超恥ずかしい。なんて悶々が頭の中を巡りながら、当日を迎えることとなった。

盆踊りがはじまるのは夜の19時頃。仕事柄、普段は終電近くまで仕事をしている僕も、その日は早めに切り上げ会場へと向かった。最寄り駅に着いて改札を出ると、僕は駅構内のトイレへと飛び込んだ。そう、バッグの中に忍ばせた衣装に着替える為に……。

といっても持ってきたのは浴衣ではなく、甚平だ。夏祭りなんてアッパーなイベントとは縁遠い自分が浴衣なんか持っているはずがない！　が、甚平はなぜか家にあった。実は事前にかとうさんに「やっぱり浴衣は着た方がいいのでしょうか？」と確認していた自分。いまから考えると、別にそんなのどっちでもいいのだが、「盆踊り」という未知のイベントに対してかなりビビリがあった。恥をかかないためにも、なるべく準備を万端にして向かいたい。ネットで「佃島念仏踊り」の情報を調べつつ、踊りの模様をおさめた動画もしっかりチェックしているあたり、かなり小心者である。

ともかく。甚平と急でそろえたサンダルをトイレの狭い個室で装備して、戦闘準備OK。揚々とトイレを出て、駅の外へ。さあて、とスマートフォンを取り出してマップアプリを確認する。が、現在地と目的地の位置関係がイマイチよくわからない。なにせ、時間が時間なのであたりは既に薄暗くなっている。オマケにルート的に下町の細い路地を歩いていかなければいけないようだ。地図の方では明確に目的地を示しているのだが、人間の方でどっちの方向に進めばいいのかわからんのだ。いろんな道をぐるぐるしていると、遠くの方からかすかに音が聞こえてくる。さらに浴衣を着てヒラヒラと歩く親子連れを発見。もうこの人たちを信じるしかないといそいそついていくと、急にひらけた通りに出た。まるで神社に続く参道のようだ。下町の家はみな背が低い。そのせいか空が大きく見える。ひっそりと並ぶ家々のシルエットの向こうに、きらびやかな高層ビルが林立する。目の前が隅田川なので、余計に見晴らしがいいのだろう。江戸と東京の見事な共演という光景にしばしうっとり。はっと気づくと、通りの向こうに提灯の光がチラホラ。おー、やっと会場にたどり着いた！　時間は19時を少し過ぎていた。

ぜんっぜん踊れません

小さな橋を渡って明かりの方に近づくと、わらわらと人だかり。その中心にやぐらが

立っていて、周囲を浴衣を着た老若男女が踊っている。すわ、やはりはじまってしまっていたか。ふとあたりを見回すも、お祭り特有の屋台の類いは一切ない。暗闇のなかにただこのやぐらのまわりだけがひっそりと明るいのだ。本当に踊りのためだけの祭り。そんな感じだ。なんちゅうストイック……。そして、もうひとつ、この祭りの特徴にすぐ気がついた。あきらかに聞こえてくる唄が生声なのだ。やぐらを見ると、着物をラフに着こなした一人の老いた音頭取りがマイク片手に太鼓を叩いていらっしゃる。

勝手なイメージであるが、盆踊りってテープで音源を流しているイメージがあったので、演奏も唄も生ライブなのはビックリした。しかもおじいちゃん一人で！

それにしても、誘ってくれた張本人のかとうさんはどこにいるのだろう。もちろん、一人で踊りの輪のなかに入る勇気はない。しばらく人だかりのまわりをうろうろしていると、ようやく浴衣を着て悠々と踊るかとうさんの姿を見つけた。勇気を出して輪の中に飛び込み、その後ろにつく。「すみません、遅れました！」「道、わかりました？」とことばを交わす。が、じっくり話をする間もなく、踊りの輪はどんどん進行していく。あわわ、となる。こうなると四の五の言わず体を動かすしかない。が、踊り方が分からない。当然のように壊れかけのロボットみたいな動きになる。踊りの輪は三重ほどになっていて、中心の輪ほどベテランさんが多いようだ。ひとまずうまい人の動きに合わせてみる。えーとこっちの手を上げて、こっちの足を引いて、体を左に曲げて……うおー！ぜんっぜんわかんねえ！

テンポは非常にゆっくりなのである。動きもそこまで複雑ではない。が、踊れない。実際に体を動かしていると分かるのだが、踊りというものは手も足も胴も腰も首も、すべての体の部位が別々の動きをしながら、かつすべてが同時進行なのだ。それをいきなりわっと頭に入れて動こうとするのは無理というものだ。そして、やっぱり踊るのがちょっと恥ずかしい。会場にいるのは踊り手だけではない。踊りの輪を囲むように、それを眺めている見物人もたくさんいる。人見知りの自分は完璧に踊る阿呆というより見る阿呆タイプなはずなのだが、今日は事情が違うのだ。ええいままよ！　と一心不乱に体を動かす。唄の合間に「コラショイ」「コラ、ヤートセー、ヨーイヤナ、コラショイ」という実に味のある合の手が入るのだが、踊りに気を取られてまったく耳に入ってこない。嗚呼……。その点、僕の前で踊る師匠のかとうさんは堂々として、かつ動きにメリハリがあり、さすがと思ってしまう。いろいろ試行錯誤しているうちに、はたと音が止んで休憩タイムとなった。遅れて到着したので、あまり踊れなかった……。が、まだまだ踊りの時間はあるようなので、再戦を誓う。

短時間しか踊ってないのに蒸し暑さで既に汗だるま状態。持って来たタオルで額をぬぐいながら「いやー、難しいですねえ」なんてかとうさんと話していると、でかいポリバケツのようなものを抱えたおっさんがやってきて、やぐらの横にドカッと置いた。一斉に人々が群がる。なんだなんだとのぞきこんでみると「踊りに参加した人だけですよー」と飲み物を配っている。あわてて人ごみをかきわけバケツの中の氷水に手をつっ

こんで、缶ビールをゲット。お酒は弱いけど、この味ばかりは妙に胃にしみる。ジュース争奪戦で消耗している間に、かとうさんは会場のアチコチで知人らしき人と会話をしている。どうやら踊り仲間のような人がいるらしい。さすがだなーと思いつつ、自分もまわりの参加者を観察してみる。

一番多いのはやはり高齢者の方々。そして一番元気なのもやっぱり高齢者の方々。お揃いの浴衣で揃えているおばあちゃんグループは地元の人たちだろうか。とにかく踊りのキレがすごかった。おじいちゃんたちはというと、比較的みなさん単独行動の人が多い。浴衣をラフに着こなし、スマートではないが迫力のある大胆な踊りを見せる。若い人ももちろんいて、特に女性が比較的多く見受けられた。浴衣を着ている人もいれば、私服でラフに参加している人も。外国人の姿もチラホラ。僕と同様、踊りはおぼつかなかったが、皆さん楽しそうな表情。盆踊り会場には、実に様々な人がいる。

やぐらの上の音頭取りはクラブのＤＪである

10分ほどの休憩があって、いよいよ第二部がはじまる。再びあの音頭取りのおじいちゃんが登場。エッチラオッチラとやぐらにのぼって、バチで軽く太鼓をなでた後、弾みをつけて「ドンドン」と打ち出す。続けざまにマイクロフォンに叩き付けるソウルフルな

シャウト。その光景を見て、おお！　と思った。これ、ＤＪじゃん。あ、ＤＪといってもクラブイベントに参加したことはないのだが、自分が想像するクラブのイメージ、ブースでＤＪがいかしたチューンをかけて、ダンスフロアを盛り上げる、そんな感じ。そう考えると、おじいちゃんめちゃくちゃカッコいい。盆踊りカッコいい！

うわーうわーと意外な発見に一人で盛り上がっているが、そういえば俺、踊らにゃ。というわけで、先ほどの反省も踏まえてやってみる。敗因はすべてを同時に動かそうとしたことだ。情報量が多過ぎる。まずは足の動きから真似をしよう。上半身はあまり意識しないで、上手な人の足の動きをじっと観察、コピーする。足の動きがわかったら、今度は手の動き。少しずつ、手と足の動きを連動させていく。すると、どうだ。なんだか踊れているような気がしてくる。「あ、踊れた？」。踊れてないんだけど、「踊れてるかも」という予感だけでかなり楽しくなってくる。最初は動きを記憶するためにかなり頭を使っているのだが、次第に意識しないでも自然に体が動くようになってくる。お、楽しいじゃないか。踊れるようになると、気持ちに余裕ができる。先ほどのＤＪジジイの唄声がよりハッキリと聞こえてきた。古い言葉をつかっているのか、まったく歌詞の意味は聞き取れない。わからないが、意味を理解してみようと耳を傾けるのも楽しい。斜め後ろでは、やや声の甲高いおっちゃんが若い女子グループについて「右足！　つぎ左足！」と踊りを教えている。雰囲気的に、この盆踊りを取り仕切っている責任者のようだ。女性には目がないといった感じ（失礼）で、聞かれてもないだろうに、この祭り

の由来を嬉しそうに女の子たちに教えている。なんでも江戸の頃、火事か震災か、大きな災いがあって多くの遺体が隅田川を流れてきた。その仏を供養するために、この祭りがはじまったらしい。一昔前は現在のようなやぐらをまわるのではなく、往来を進みながら、朝まで踊り明かしたというのだからすごいではないか。パレードだ！　オールナイトダンスパーティーだ!!

踊っているうちに、少しもの足りなくなってくる。なんか俺の踊り、小さくまとまってないだろうか。勝手に自分の中で探求がはじまる。もっとあのおじいちゃんみたいにワイルドに動いた方がいいのでは、いや動きのキレをもっとピッピッと整えた方がいいのでは、なんていろいろ試行錯誤。さっきまで何もわからずにタコ踊りみたいな動きを披露していた自分が、まったく随分な進化じゃないか。でもやっぱり達人たちにはかないません。長年踊っている人たちの動きには「自分」がある。めちゃくちゃ説得力があって、表面だけコピーしただけじゃとても出せるものではない。「あ～、俺まだまだっすわ」なんて尊敬のまなざしをおじいちゃんおばあちゃんたちに向ける。

30分ほど踊って終了。「怪我なく帰りましょう！」と、先ほど女子に踊りを教えていたおっちゃんが言っている。先ほどまで熱を帯びて踊っていた人たち、観客が月島の闇の中へと散り散りになっていった。あ～、これが祭りの後の寂しさかあ。

見る阿呆より踊る阿呆

踊りのあと、通りの突き当たりにある小さな祠《ほこら》に向かった。焼香をして手を合わせる。無縁仏と書かれているので、やはり大昔にここで多くの人が亡くなったのだろう。盆踊りの本来の意味、お盆の時期に死者を迎えて供養するということをあらためて思い出す。

月島でもんじゃを食って、駅でかとう師匠と別れた。家路に向かう電車の中で、先ほどの体験は何だったのだろうかと一人振り返る。やはり楽しかった、と考えるべきだろうか。ひとつ確実に言えることは、あの盆踊り、観客として外から眺めているだけだったらそこまで面白く感じなかっただろう。僕の中の盆踊りに対するイメージはそれまでと変わらなかったに違いない。しかし、思い切って輪の中に入ったらどうだろう。景色が変わった。それまでの盆踊り観がぐるーんと裏返ってしまった。そういえば、踊りの後半の方ではまったく恥ずかしさはなかったことに気がつく。もしかして、ヤバい一線を越えてしまったのか？　盆踊りは古くさい地域の行事ではない。とても新しく、とてもカッコよく、とてもキモチのいいものだ。

そんな、かすかな予感を抱きつつ、また僕は盆踊りに足を運ぶだろうと思った。今度はちゃんとした浴衣を着て。

[佃島の盆踊り]
場所　東京都中央区佃１丁目付近
日程　7月13日〜15日　子供 :18時〜19時30分　大人 :20時〜21時過ぎまで
主催　中央区観光協会
㊐　tel 03-6228-7907

神秘の里に伝わるスタイリッシュ盆踊り
キリスト祭のナニャドヤラ踊り
（青森・新郷村）

青森の奇祭で披露される謎の盆踊り

青森にキリストの墓があるらしい。そして、年に一度、そのキリストの魂を慰めるための祭り「キリスト祭」が開催されるらしい。ンなアホな。

日本各地の盆踊りについてインターネットで調べていたら、この珍奇な祭りにたどり

着いた。キリストの墓についても大いに興味はあるが、個人的にはその祭りで踊られるという「ナニャドヤラ踊り」に引っかかった。な、ナニャ？ 何だそりゃ⁉ 頭の中の興味の虫が全力で活動をはじめる。

「ヤバい、ヤバい」とつぶやきながらさらに調べてみると、ナニャドヤラ自体は青森の南から岩手の北にかけて古くから伝わる囃子歌・盆踊りらしい。キリスト祭では、その踊りをキリストの魂への奉納という形で披露するのだとか。特筆すべきは「ナニャドヤラ」という言葉や唄の歌詞について、その意味が現在まで伝わっていないというところだ。「ナニャドーヤラー　ナニャドナサレーヨー」という歌詞の繰り返しとなるのだが、部外者はともかく、唱っている地元の人たちも意味が分かっていないというのがシュール過ぎる。ああ、キリストといい、ナニャドヤラといい、もう頭のてっぺんから、つま先まで全部が分からない。そして、猛烈に興味を引かれる。

祭りは毎年6月の第一日曜日に開催され、今年（2014年）で51回目となるらしい。言い方はわるいが、ムダに歴史が長いではないか！　それにしても日曜開催というのはサラリーマンの私には有り難い。が、問題はアクセス。祭りが開催されるのは新郷村という十和田湖の近くの場所で、付近に路線は通っておらず、車でないと辿り着けない場所であるということだった。め、めんどくせえ……！　恥ずかしながら、私は車が運転できない人間なので、車移動というだけで到達のハードルがグン増しする。私がキリスト祭りについて知ったのが、その年のキリスト祭りから数ヶ月経った頃。行くとしたら翌年の初夏になるのであるが、車移動問題で思考に歯止めがかかり、う～んと迷っているうちに、あっという間に年を越して、6月のキリスト祭開催まであと数ヶ月という時期にまで迫ってしまっていた。あ～、まずいまずい。

「わたし、行く気満々ですよ」

4月の上旬、Twitterでの雑談のなかでそう力強く宣言したのは、『野宿野郎』のかとうちあきさんである。盆通り好きのかとうさんのことだから、もちろんキリスト祭についてはは知らないはずがない。そして私同様、この青森の奇天烈な盆踊りに対してなみなみならぬ興味を抱いていたようだ。しかも、既に「今年は行く！」と意を決しているらしい。

正直なところ、春を迎えたあたりでは最初の情熱はどこへやら、軟体動物のようにやる気はクネクネと腰砕け気味になっていたのであるが、なんかこう傍らに妙に意思の強い人がいると、心が急いて「ア、ア、俺も興味あったし！　俺も！　俺も！」と焦りが出てくる。ということで他人のやる気に便乗して、かとうさんとキリスト祭に参加することとなったのである。

誰も意味が分からないナニャドヤラ

ここで新郷村の「キリストの墓」伝説についておさらいしておこう。概要に関してはインターネット上で有志による多数の情報を発信しているし、新郷村の公式ホームページでも紹介しているのですぐ調べられる。冒頭の簡単な説明だけで多くの読者が「いやな予感」を抱いたことだろうが、ご推察の通りツッコミどころ満載なので、心して読んで欲しい。

通常、イエス・キリストは、エルサレム近くのゴルゴダの丘で十字架刑に処され、三日後に奇跡の復活を遂げたという話になっている。が、新郷村の伝説によると、処刑されたのは身代わりとなったキリストの弟であるイスキリであり、本物は遠く日本の地に逃げ延びたのだという。さらにキリストは実は若い頃に一度訪日した経験があるらしい。マジかよ！　日本で12年間の修行を重ねたのち、33歳の時にユダヤに帰って伝道活動を始めたのだとか。なんとなく、源義経が死んだとみせかけて実は大陸に逃れていて、ついにはチンギス・ハーンとなったというアレに近いものを感じるが、義経伝説になぞらえれば、キリストさんの日本での修行は、さしずめ義経、幼少時の天狗との修行の日々に当たるのだろう。

で、処刑から逃れ再び日本の地を踏んだキリストは旧戸来村（現在の新郷村）に居をかまえて、一〇六歳の長寿をまっとうしたそうな。めでたしめでたし……。この旧村名の「戸来《へらい》」も「ヘブライ」の語に由来するという説も、「キリストの墓」伝説を支えるの根拠のひとつとなっている。よく分からないけど、なるほど！

そして、気になるのが「ナニャドヤラ」である。先に述べた通り、残念ながら現在まで歌詞の意味は伝わっていないが、青森~岩手の地に昔から伝わる唄らしく、盛岡の「さんさ踊り」や青森の「田名部おしまこ」といった有名な盆踊りのルーツにもなっているらしい。というわけで今回訪れるキリスト祭独自の踊りというわけではないのだが、関係性は深い。というのも、我らが「キリストの墓」伝説周辺では、実はナニャドヤラの歌詞はヘブライ語に由来という説もささやかれているらしい。詳しくは知らないが、確かに「ナニャドヤラ」って字面だけだとめちゃくちゃ外国語っぽいではないか。

と、ざっとこんな感じなのだが、どうだい、聞いただけで100メートルトラックを全力疾走したみたいな疲労感を感じたことだろう。オカルト雑誌『ムー』的な不思議と謎はこれだけでもうお腹いっぱいなのだが、われわれはその地に実際に乗り込もうというのだから、どうなってしまうのか行く前から大分不安である。

たどりつくのがそもそも大変

さて新郷村までの交通手段であるが、結局バスを乗り継いで向かうこととなった。まず東京から長距離バスで青森まで向かう。そこから、青い森鉄道で南下し、八戸に到着（もちろん八戸で停車する長距離バスに乗れば青森まで行く必要はない。今回は八戸行きバスがとれなかったのだ……）。八戸からは路線バスに乗って新郷村役場まで向かう。そこから先は村営バスが出ているが、あるいは徒歩でも30分も歩けばキリストの墓にたどり着くことができる。

問題はキリスト祭の開始時間が朝の10時から、というところだ。朝早いのは健康的でけっこうだが、バスの運行スケジュール的に、八戸から朝10時までに新郷村にたどりつく便がないのだ。なんという、構造的欠陥！　つまり、だ。祭りスタートからきっかり参加するためには、前乗りして近くの宿などに泊まるか、朝っぱらからタクシーを飛ばしていかなければいけない。

周辺にそもそもホテルらしきものが少なそうだし、タクシーはどう見積もっても一万円はかかりそうなので論外。わざわざ僕のプリチーな桃尻を痛める覚悟で格安の高速バスを選んだのに、最後の最後で大金は使いたくないではないか。

というわけで、私は金曜夜に夜行バスに乗り、翌土曜朝に青森駅着。かとうさんは私より一日前に青森に前乗りしていたので、そこで合流。なんでそんな早くに乗り込んでいたかというと、本人の弁によれば「青森に釈迦の墓もあると聞き、せっかくキリストの墓に行くのでついでに野宿してきました。墓野宿シリーズです！」ということだが、ここまでくるともはや尊敬の念しか浮かばない。この人は踊りに来たのか、野宿に来たのか……。というわけで、当然のように土曜の夜もキリストの墓で野宿する心づもり。私がバカでかいリュックの中に寝袋とマットを詰め込んでいるのも、そういう訳なのである。

八戸駅前から新郷村に向かう路線バス（正確には、五戸駅前という場所でバスを乗り換える）に乗り込んだのが土曜日の夕方頃だ。青森で昼飯を食べたり、ねぶた関連の観光をしてたら、結局最終便のバスに乗ることとなった。この時間、バスの乗客はほとんどいない。観光客らしき者はおろか、地元の人も女子高生が二人ほど同乗するのみだ。窓からの景色は田畑や山など。大学の頃、青森で開催されるロックフェスに向かう途中のバスから見た、あたり一面のリンゴ畑が思い出された。前夜に既に野宿を一泊かましているかとうさんは案の定バスの後部席でグーグーと寝ている（結局、釈迦の墓は見つからなかったらしい）。なんだろうなァ、この妙な孤独感は。一時間ほどバスに揺られて、ついに新郷村に到着した。

バス停で降りて徒歩一分ほどで、村営バスが出るという村役場にたどり着く。目に入ってきたのは「キリスト祭」とかかれたのぼりが無数に並んではためいている光景。思わずかとうさんと目を合わす。ついに！　ついに！　「キリストの墓」の地にやって来たのだ！　映画『天空の城ラピュタ』で主人公パズーが雲間からあらわれた伝説の都市「ラピュタ」を見つけ「ラピュタは本当にあったんだ！」と喜びを爆発させるシーンが脳裏でオーバーラップした。ハイテンションでのぼりの写真を撮りまくるかとうさんと私。

入り口でゆかいな看板がお出迎え

そういえば確認しなければならないことがひとつあった。村営バスはまだ出るのだろうか。それらしきワゴン車が村役場の前に停まっているが、傍らに掲示されている時刻表がボロッボロになっていて判読できない。事前にこの村営バスの時刻表だけ調べることができなかった。仕方なく役場に入って職員の方に聞いてみると、もう今日のバスは終わってしまったらしい。腹を決めて、歩いてキリストの墓を目指すことにする。念のため周辺地図などが掲載されているパンフレットなどはないか相談すると、突然ワタワタとし出す職員さん。あっちゃこっちゃの棚を引っかき回してようやく出て来たのが、外国人観光客向けとおぼしきパンフレット。確かに地図は掲載されているけれども、全編にわたって英語……。しかし申し訳なさそうな顔をしている職員さんに、こちらもなんだか恐縮してしまい「ありがとうございます」と素直に受け取って、村役場を後にしたのであった。

新郷村を貫く国道454線をひたすら西に歩く。日も暮れかけているのでなるべく早めに現地に着きたいところだ。遠くに見える山の景色を堪能しつつ、かとうさんとダラダラ雑談をしながら歩くこと30分。ついに路傍に「キリストの墓」とデカデカ書かれた

看板が立っているのが見えた。看板には二本の十字架がイラストで描かれ、隅には「SHINGO」「HERAI」と英語表示がある。そしてなぜか「Enjoy Coca Cola」のロゴ。キリストとコカコーラの組み合わせがなんともポップじゃないか。そのほか「青森県酪農発祥の地 新郷村」「第51回キリスト祭 6月1日開催」「第51回キリスト祭 キリストの慰霊祭 短歌ポスト入選歌表彰式 会場」「キリストの里しんごう 火の用心」などの看板たちが、のどかな村の風景のなかで半ば通り魔的に怒濤の電磁波を浴びせかけてきている。ようし分かった分かったと看板たちの暴力的な主張を制しながら、さっそくキリストの墓の敷地に入っていった。

お墓周辺は「キリストの里」として公園のようにキレイに整備されている。村に伝わる資料を展示した「キリストの里伝承館」という施設もあるようだが、時間が遅いので見学は明日にすることに。ともかくまずはキリストの墓を拝もうと、傾斜のある道をグングン歩いていく。途中の「キリストまで200m」「キリストまで100m」といった案内板が気持ちを盛り上げる。小さな広場に出ると、さらに上へと続く階段が。見上げると、かすかに二本の十字架が見えた。これだ！ 勇んで階段を上がると、ついにそれは姿を現した。私とかとうさん思わずそこに立ち尽くす。

インターネットで見た写真の通り、柵で丸く囲まれた空間にこんもりと盛られた土、そして中心には高さ3～4mほどの木製の十字架が立つ。二本あるのはキリストの分と、犠牲になった弟イスキリの分だ。土からにょっきり生える十字にクロスしたその物体は、

なんだか昔のロールプレイングゲームに出てくるお墓を連想させる。あまりにもフィクション丸出しだ。しかし嘘っぽさも、こうドーン！　と力強く形として見せられると、妙な力強さを放つ。

足下を見るとキレイな花が添えられていて、ようやくリアルなお墓っぽさが出る。が、その隣にある小銭が入ったカゴで思わず吹き出してしまった。ここにきて、お賽銭かよ！キリスト教にも神聖な場所でお賽銭をする慣習があるのだろうか。よく分からないが、染み付いた日本人的性で思わず小銭を放り込んでしまう。かとうさんと一緒に手を合わせ「明日は踊らせていただきまっせー」と気合いを入れ直すのだった。

あたりはすっかり暗闇なので散策は明日に回して、階段を下りた広場に寝袋とマットで寝床をしつらえ、ささやかな宴をした後に我々は早々と眠りについた。

「キリストの里伝承館」で伝説を目撃

朝7時に起床。昼ぐらいまでダラダラしていたい気もするが、早朝に祭りのスタッフさんがやってくるかもしれないので、そうもいかない。さすがに神聖な場所で人が寝ているのを見たら嫌な感じだろう。

寝袋をぼんやりたたんでいると、一人の女性が下からやってきた。あ、気まずいな〜っと思いながらも軽く会釈を交わすと、女性は階段を上がりお墓の手入れをはじめた。この敷地の管理者さんだろうか。新しい花を入れ替えたり、墓のまわりを掃除したり。とても丁寧である。

その女性を観察しながら「これはおそらくこの地に十字架が立てられた時から、毎朝当たり前に繰り返されたきた光景なのだろう」と思った。ついうがった目で見てしまうキリストの墓なのだが、この場所を守って、祀られた魂に毎日祈りを捧げる人が確かにいるのだ。伝説の真偽や珍奇な祭りのことなど外からいろいろと言われるのだろうが、いま私が見ているこの光景がとても尊いものであることは間違いない。なんだかいいものを見たなァ。

女性が去ると、堰を切ったかのように次々と祭りの準備をする人々が墓にやってきた。車で乗りつけた花屋は階段のふもとに祝いのスタンド花を備え付ける。その後には、「ＳＨＩＮＧＯ Ｖ.」と背中に書かれた緑色のスタッフジャンパーを着た一団がぞろぞろやって来て、テントを立てたり、スピーカーを設置するなど、急ピッチで祭りの準備を進める。静かだった里ににわかに活気が満ちてきた。さあ、祭りだ祭りだ。

ところで、誰よりも早くこの場所に待機している私とかとうさんがやはり目立つのか、スタッフの人が時折「おはようございま〜す」「どこから来たの？」と話しかけてくる。「東京です」と返すと皆さん一様に「え、どうやってここに⁉」と驚く。ええ、ええ、それはバスを乗り継いで、30分歩いて、前乗りなので野宿をして、ここに至りましたよ。話

を聞くと、やはり地元の人たちも「キリストの墓」のアクセスのわるさはネックだと考えているらしい。実際、私たち以外にいっこうに観光客らしき姿が見えない。そのうち増えてくるのだろうが、こんなに面白い祭りなのだから、八戸からの交通がもっとスムーズになれば、より多くの人が訪れるはずなのだ。

「ところで、伝承館はもう見たの？」と、スタッフの方。あ、そういえば、昨日は夜遅くて入れなかったのだ。

「もう開いてるんですか？」と聞くと、「開いてるんじゃないかな〜、さっき掃除してたし」と言う。

なんならお邪魔させてもらおう。伝承館はお墓のすぐそば。サイズは小さいが、見た感じはキレイな洋館。入り口の前に記念撮影用の顔ハメ板があったり、受付で土産物を販売したりと、急に観光地感丸出しになっていい感じだ。取りあえず私は他では買えなさそうなナニャドヤラのＣＤを購入。かとうさんは、何かまんじゅうっぽいお菓子を買っていた。

伝承館は基本的にワンフロアで、後は映像を観るための小さな視聴室がある。手狭だが、この地で古くに使われていた農具や野良着などの郷土資料、さらに「キリストの墓」伝説の関連資料が壁狭しと並んでいて密度はだいぶ濃い。さらに一角には地球の模型が置かれて、「世界七不思議」と題してピラミッド、ナスカの地上絵、アトランティス大陸など、オカルトといえばすぐ名前の上がりそうなスポットや伝説を紹介している。今

回の旅行で私の中の七不思議にで8つめの謎、「キリストの墓」が追加されたされたことは言うまでもない。視聴室ではナニャドヤラに関する解説映像を見た。ナニャドヤラはこの新郷村が発祥であるという説を発表しているのだが、確かにキリストの墓といい何か得体の知れない爆発的なものを生み出す可能性をこの地は秘めているような気がしないでもない。

神事・獅子舞・盆踊り

そんなこんなをしているうちに、ついに祭りの時間がやってきた。私とかとうさんはいそいそと会場に移動する。我々が昨夜、野宿した広場にはパイプ椅子が並び、スーツ姿のダンディたちが座っている。どうやら各所から来賓を招いているらしい。来賓席の横には地面にゴザが敷いてあり、はっぴを着た一団が純和風の楽器を携えて座っている。事前情報だと、祭りでは獅子舞も奉納されるらしいので、それを演奏する人々だろう。さっそく場が混沌としてきた。私とかとうさんは、プログラムの最後に予定されているナニャドヤラをよく見るために、キリストの墓の近くに移動した。そして、やはり皆考えることは同じなのか、ほかの観光客の多くも墓の前に陣取っている。見物人のなかには外国人も何人か見かけることができた。ぜひ国に帰ったら伝えて欲しい。日本にはす

ごいフェスティバルがあったよと。

まずは村長さんによる開会の挨拶。続いて来賓からの祝辞。何人かが入れ代わり立ち代わりスピーチをしたのであるが、なかには県知事の代理という方もいて（知事本人は所用で来れなかったのだとか）、なかなかに豪華なラインナップである。来賓の一人が「キリスト祭で、神事と獅子舞をやる。まさにこれぞ和と洋の融合！　これぞ『文化』！新郷村の皆様の懐の深さは素晴らしいです」という様なことを述べた。大きくまとめたなーと思うが、そうなんだ。この器のでかさ、懐の深さは並大抵ではない。いろいろな宗教的要素が共存しちゃってるもん。

祝辞が終わると、神主さんが出てきて混乱が加速する。キリストの墓へと続く階段の元に立ち、祝詞奉上、さらに玉串奉奠が粛々と執り行われる。何度も言うが、キリストの慰霊祭であることをしつこく読者に喚起しておきたい。この後、獅子舞の奉納、短歌ポスト入選歌表彰式と続く。後者について補足しておくと、キリストの里には短歌を投函するポストが常設されていて、詩情に駆られた旅人が自作を投稿することができるのだ。年に一度、キリスト祭において優秀作を決めるらしい。実は私とかとうさんも今朝、自作短歌を投函していたのであるが、選評されるのは来年のことであろうか。まあ、「やってきた　キリストの里　踊りたい～」「キリストか　キリストなのか　キリストよ～」みたいなひどい歌なのでどうせ選ばれんだろう（結果、選ばれなかった）。

さて、いよいよナニャドヤラである。予定では祭りの終了時間は11時30分となってい

たのだが、もう既にその時間である。待ったなァ。申し訳ないのですが、僕の本来の目的は盆踊り。いよお待ってましたあ！と下品なかけ声は腹でとどめておいて、静かにふつふつと興奮をたぎらせる。あわよくば、一緒に踊りたい。そう、これから披露される踊りはあくまでプロたちによる奉納。皆で一緒に踊りましょ、というノリとはおそらく違うのだ。

おそろの浴衣を着た淑女たちが10名ほどキリストの墓の周りに均等に並ぶ。その間に、太鼓をお腹に抱えてバチを持った男性も何人か交わる。太鼓の音、そして「ナニャ〜ドヤ〜ラ〜」の節とともに、踊りがはじまる。

ストイックかつスタイリッシュ

まず、驚いた。これまで僕が見てきた盆踊りと明らかに異なる。顕著なのが、動きの滑らかさである。

実際に自分でも踊ってみるとわかりやすいのだが、多くの盆踊りは細かい動作の集合体である。例えば炭坑節なら「掘る、かつぐ、月を仰ぎ見る、押す」などの動きがワンセットとなって、その繰り返しとなる。ところが新郷村のナニャドヤラは動作の切れ目がまったくわからないくらい、すべての動きがスムーズだ。滑らかであるがゆえに、実

第51回 キリスト祭

際の唄はそこまで速くないのだが、踊りがやたら高速に見える。な、なんだこのスタイリッシュさは！　めっちゃ洗練されているじゃないか。また注目ポイントは、手の動きのダイナミックさだろう。複雑ではないのだが、動きが大振りなので迫力がある。手の軌道は直線的というよりも曲線的。円をなぞるような形が、なんだか色っぽくもある。

さらに、この軽快な踊りを、太鼓と人の声だけのシンプルなお囃子に合わせて舞うのだ。このストイックさもいい。キリスト祭とナニャドヤラへの印象が一瞬で変わってしまった。本当にカッコいいのだ。こんな素晴らしい踊りを特等席で見せられたら、そりゃ神様の魂も慰められるだろう。

興奮している間に、踊りはあっという間に終わってしまった。普通の盆踊りなら何十分でも平気で続くのだが、そこが見せる盆踊りと参加する盆踊りの違いなのだろう。さっそく「すごかったですねー」と隣のかとうさんと喜びを共有する。しかし、もの足りない。やっぱり一緒に踊ってみたい。

踊りの後は、観光協会長の挨拶、りんごジュースによる乾杯、閉会の言葉で、ひとまずキリスト祭は終わった。先ほどの踊り子さんたちは、伝承館の前の大きな広場で休んでいた。まだ解散しなさそうな雰囲気だったので、念のため「もう踊りはやらないんですか？」と聞くと、「これからもう一回踊りますよ」と言う。なに⁉　話を聞くと、キリストの墓の周りだと狭くてあまり踊りがよく見えなかったろうという配慮で、観光客に向けて広場であらためてナニャドヤラを披露するらしい。「マジすか⁉」と喜んでい

るうちに、踊り子さんたちは円形上の配置について、再びミュージックがスタート。あたふたしていると、かとうさんが近くのスタッフらしき人に「踊っていいですか?」と聞き、すかさず飛び込む。あ!、と続いて私も輪の中に加わった。だいたい、こういう時に度胸がいいのはかとうさんだ。

先をゆくプロの動きを見て真似するのは盆踊りの基本。淑女たちにならって見よう見まねで動いてみるも、やはり最初は全然動けない。しかし、何回か繰り返すと、踊りの法則性がうっすらわかってくる。曲線的な手の動きの正体は、体の前で左右の腕を大きくクロスさせる動作だ。このクロスの動きがナニャドヤラでは多用される。まるで大気をかき回して何かを創造しているように見えるのは、宗教的なイメージに引っ張られすぎだろうか。優雅なのだが、動きが早いのでやたらアグレッシブに見えてくる。

こちらの踊りもあっという間に終わってしまったが、ともかく思いもかけず踊りに参加するとができたので大満足である。踊りはマスターできなかったが、実に楽しい盆踊りだ。それにしても惜しい。こんなかっちょいい踊りが青森でしか見れんとはなー。もっと認知度が広がってもいい踊りだと思った。

余韻にひたりながら、村役場近くの定食屋で「キリストラーメン」なるご当地ラーメンに舌鼓を打ち(星型の麩が入っている、あとなぜか梅と大葉も)、再び路線バスで八戸に帰還。駅近くの銭湯で汗を洗い流した後、かとうさんに予約していただいた夜行バスに乗って帰途へとついた。ちなみに、私は翌日から仕事だったので、朝に新宿に着い

てから急いで自宅へ。すばやく出勤の支度をして、定時にはなんとか出社することができた。よかったー。

すべてを受け入れるすばらしさ

キリストの慰霊祭で神事をやり、獅子舞を踊り、盆踊りを奉納する。一貫性はないようだが、大切な人を慕い、自分たちの方法で魂を慰める、この純粋な想いは非常に筋が通っているし、正しいと思う。来賓の誰かが、この祭りの度量の大きさについて賞賛していたが、本当におおらかな雰囲気で居心地がよかった。

なぜ自分は盆踊りに惹かれるのだろう、と考えることがある。好きな理由はひとつに絞れないが、ひょいっと誰でも参加できて受け入れられる敷居の低さも魅力のひとつだ。お金を払う必要もない。強制もない。ただ踊りたい時に輪の中に入って踊ればいい。大人も子どもも国籍も性別も、人を問わない。下手でも誰も気にしない。疲れたら勝手に休んでOKだ。

本来、盆踊りは死者を迎え、慰める行事である。しかし、そこにいる誰もが「死」という言葉が似つかわしくないくらい笑顔だ。亡くなった人を想いながら、自分たちも楽しんでしまう。この雰囲気。そういった意味で、キリスト祭は、ナニャドヤラは、盆踊りらしい盆踊りだったと思う。

それにしてもナニャドヤラ、カッコ良かった！　願わくば、ナニャドヤラをもっといろんな場所で見たい！　踊りたい！　というわけで、伝承館で買ったナニャドヤラのCDを聴き込んで、周りの人に布教していこうと思う。

［ナニャドヤラ］
場所　青森県新郷村
日程　毎年6月第1日曜日
主催　新郷村観光協会
㈲　tel 0178-78-2025　新郷村観光協会事務局（役場商工観光グループ内）

盆踊りマニアの天下一武道会!?
日枝神社
山王音頭と民踊大会
（東京・千代田区）

東京で一番はやく開催される盆踊り!?

その盆踊りを知るきっかけとなったのは、踊り好きの知人Ｓさんだった。

Ｓさんと知り合ったのは、とある盆踊り大会。短髪で、かっぷくのいい、背丈は１８０ｃｍはありそうな大柄男性が、その体躯をものともせず、驚くほど軽やかに輪の

中で踊っていた。休憩中、私と一緒に踊りに来ていた人が傍らで踊りで乱れた息を整えながら「あの人、どっかで見たことあるよね」とつぶやいた。

そういえば、どこかで見たような気がしないでもない。どの盆踊り会場にもたくさんの参加者がいるが、踊りのうまい人は輪の中でも強烈な存在感を放つ。Sさんもそんな記憶に残る踊り手の一人だったのだろう。

さっそく盆踊りが終わった後に、話しかけてみると、やはりとある盆踊り大会でニアミスしていたらしいことが分かった。すっかり意気投合して「またいずれどこかで」とFacebookで友だち申請をしあって、その日は別れたのであった。

家に戻ってからさっそく「先ほどはありがとうございました」とメッセージを送ると、Sさんかなりの盆踊り好きのようで、自分は岐阜の郡上踊りを主戦場としつつも毎年様々な盆踊り大会に参加しているということを教えてくれた。さらに、Sさんの話によると東京で一番早く行なわれる盆踊り大会が、赤坂の日枝神社で毎年6月に開催される山王祭らしい。まだ盆踊りにハマって日の浅い私。「東京で一番早く行なわれる盆踊り」なんて、そんな発想すらなかった己の未熟さを恥じつつも、それはぜひ行かねばなるまい！　と鼻息荒くSさんに「貴重な情報ありがとうございます！」と返信するのであった。

が、三歩踊ると物事を忘れる鳥のごとき阿呆でおなじみの私。そんなことすーっかり忘れて、あー盆踊りのシーズンはまだまだ先だなあ、待ち遠しいなあとボンヤリ日々を過ごしていた。が、6月も中旬になった頃、いつものようにFacebookのタイムラインをダラダラ眺めていたら、浴衣でビシっと決めたSさんの写真が流れてきた。オヤ、どうしたことだろう、と詳しく見てみると。どこかの盆踊り大会に今日まさに参加してきたのだというではないか。な、なんだと⁉　さらに詳しくその投稿を見てみると、どうやら以前Sさんが教えてくれた山王祭の盆踊りがいままさに開催期間中だというのだ。しまった。ぬかったわ！

ちょうどその投稿を見たのが金曜日。のぞみをかけて「盆踊り、明日もありますかね？」とコメントをすると、すぐにSさんの返信。明日も明後日も、つまり金土日の三日間にかけて祭りは行われるのだという。よかったーとまずは安堵。そして案の定、Sさんは三日間全日程に参加するというのだから素晴らしい。「ぜひ、会場で会いましょう！」と疲れをまったく感じさせないはつらつコメントを投稿するSさんであった。

勝手に踊りはじめる達人たち

当日、ちょっと残った仕事を家で片付けて、夕方頃にホイホイホイと家を出た。浴衣は着るかどうか迷ったが、まずは手慣らしという感じでひとまずTシャツ短パンの軽装で。あとは気分を出すために雪駄を持って行くことにした。

溜池山王駅で降りて、外堀通りを北へ歩いていくと、右手に大きな鳥居が見えてくる。今回の盆踊り大会の会場となる日枝神社だ。ここで行なわれる山王祭は「神田祭」「深川八幡祭」に並んで江戸三大祭とも呼ばれており、伝統衣装をまとった人々が東京駅や日本橋、銀座などを巡り歩く全長約３００ｍの祭礼行列は一番の見物となっている。ちなみに公式ホームページを見てみると「天下祭り」や「京都の祇園・大阪の天神まつりと共に、日本三大祭に数えられています」などとも書かれており、なんだかすごくエライ感じである。思わず「恐縮です！」と頭を垂れながら鳥居をくぐりたくなる。しかし、僕の目的は豪華絢爛な祭礼行列ではなく盆踊り。山王祭の期間中は日枝神社の境内にやぐらが組まれ、「納涼大会」と称した盆踊りが開催されるのである。

それにしても境内まで上る階段の横に、エスカレーターも設置されているのは驚いた。さすが都会のど真ん中の神社は違うなあ。少々面食らいながらも文明の利器のおかげさまであっという間に頂上へ到着。さっそく境内の中に足を踏み入れる。

神門をくぐると、多くの人だかり。目の前の茅の輪をくぐって、社殿にお参りをする。「彼女ができますように彼女ができますように」と盆踊りとは一切関係のないお祈りを一心不乱に念じて、いよいよ盆踊り会場へ向かう。

境内の一角にはお祭りには欠かせない露店がズラリと並んでいる。いい風情だな～と冷やかしながら歩いていると、大きなテントが出現。すわここが盆踊り会場かとのぞきこんでみると、案の定太鼓の設置されたやぐらと、そこから放射状に伸びる提灯が。こ

の光景を見ると、ぐわっと体温が上がるような興奮をおぼえる。ああ、いいなあ。

少し早めに来たせいか、まだ人はまばら。ちょっと待つかとあたりを見渡すと、オヤ見覚えのある大きな人影。そう、今回の盆踊りを教えてくれたSさんである。浴衣をビッシリ決めた御姿がカッコいい。「どうもどうも」と挨拶すると、こちらに振り返って「お〜！」と破顔の表情。傍らにはSさんに比して小柄な、これまた浴衣をまとった女性がいらっしゃる。楽しそうに踊りの話題に興じるお二人の姿から、どうやら「盆踊り仲間」とでもいうべき関係性であることが察せられる。さすがSさん。

僕もお二人の間に交ぜてもらって、しばらく話していると、次々と浴衣をまとった人たちがやってきてSさんに「あけましておめでとうございます」「今年もよろしくお願いします」なんて正月みたいなをする。なんだ、なんだ？ これ、みんな知り合いなのか⁉ 状況が読めずにオロオロしていると、スピーカーから盆踊りソングが流れはじめた。すると、驚くべき光景が目の前に広がった。やぐらのまわりにまばらに散らばっていた浴衣の人たちが一斉に列をなして踊りはじめたのである。

確信する。一糸乱れぬその動き……完全にプロである。おそらく、ちゃんとした教室などで踊りを習っている方々なのだろう。

一方で傍らのSさんは踊り出すわけでもなく、その光景を見てニコニコしている。「これ、もう盆踊りがはじまってるんですかね？」と聞くと「や、太鼓の人が来てないのでまだですよ」とのこと。そう。この人たち開始が待ちきれず、BGM的に流れている音

頭に合わせて勝手に踊ってしまっているのだ。「東京で一番早く行なわれる盆踊り」ということもあり、一年間ためこんだ「踊り欲」が一気に爆発しているのだろう。「待ちに待ったぜ、この日をよォ！」という気合いを込めたボンダンス。まさに盆踊り界の天下一武道会だ。

ちなみにSさんは「ぼくは太鼓がはじまってから踊ります」だ、そうだ。

「八木節」はロボットダンスだった

そんなプロたちの洗礼を受けてあわあわしていると、正式な盆踊りの開始時間が迫って来た。この頃になると、一般のお客さんもチラホラと集まってくる。ようやっと太鼓の叩き手も到着し、やぐらにスタンバイ。いよいよ、踊り本番の開始である！

Sさんの後につづき、僕も踊りの輪の中に突入する。最初に流れた曲は……分からない。聞いたことがない曲だが、盆踊りのスタンダードナンバーらしく、みなさんキビキビ踊っていらっしゃる。僕はといえば曲を知らないのだから、当然踊りも分からない。Sさんの背後でその動きを必死に真似る。手の動きと足の動きを完全に再現することはなかなか難しいが、それでも5回ほど繰り返すと、なんとなく流れがつかめるようになってくる。こうなると、やっぱり盆踊りは楽しい。が、気づいた頃にはもう次の曲。なか

隆商店
伊勢半本店
伊勢半本店

特製
大阪焼

なか慌ただしい。「東京音頭」「炭坑節」といった超有名曲がかかると、やっぱり少しは心得があるので嬉しくなってここぞとばかりに張り切って踊る。知らない曲がかかると、すぐにSさんの動きに注目してコピー。他の達人たちと同様、どんな曲でも踊りこなせるSさんはすごい。そして踊りながらも「腕はまっすぐね♪」「あそこで手ぬぐいくばってるからもらってくれれば？」と初心者の僕に気を配るのも忘れない。頼りがいがありすぎて、思わず「アニキ！」と呼びかけたくなる。

そんな「アニキ」のおかげで、知らない曲でもある程度余裕をもって楽しめる。最終的におよそ十数曲の音頭がかかったが、個人的に何曲か気に入ったものもあった。「八木節」は比較的どの盆踊り大会でもかかる曲らしいが、ロボットダンスのようなカクカクした動きが楽しい。「白浜音頭」は海や舟をテーマにした音頭のようで、櫂を漕ぐような動作が出てくる。「千代田踊り」は千代田区のご当地ソングらしい。「千代田でちょい♪」というフレーズが可愛くて、やたらと耳に残った。インパクトの大きさでいえば「水戸黄門おどり」。「ドラえもん音頭」や「アラレちゃん音頭」など、アニメがテーマになった音頭は知っていたが、まさか水戸黄門も音頭化していたとは……。踊りはまったく覚えていないが「身分隠せば、ただの人」など、歌詞の内容が心をくすぐるところがありお気に入りだ。黄門様を「ただの人」呼ばわりする傍若無人な態度にグッとくる。そして、この日一番のヒットナンバーだったのが「相馬甚句」。他の盆踊りにはあまり見受けられない、手ぬぐいを両手に持ってぐるぐる回しながら踊る動作が面白い。こんなに

歌に合わせて布を回すのは、相馬甚句かレゲエのライブくらいのもんじゃないだろうか。

「炭坑節」でわきあがるダンスフロア

このような様々な盆踊り曲をセレクトして流しているのが、会場の目立たない場所でサウンドシステムを黙々と操作しているおじさんだ。盆踊り大会の花形といえば太鼓だが、実はこの場を盛り上げるも盛り下げるも、このおじさんの一手にかかっているといっても過言ではない。CDやら、いまだ現役のカセットテープやらをチェンジしながらご機嫌のチューンで盆ダンスフロアをわかせる。やはりお客さんにも好みの曲というのがあるようで、Sさんも時折「あ、この曲は!?」と顔をほころばせる。しかし、万人に受ける曲というのはなかなかない。バランスよく曲をセレクトしながら、時折最新の盆踊りチューンを流すなど、オーディエンスが飽きないような工夫をこらす。まさに、職人技である。というのは、まあ実際に話を聞いたわけではないので99%私の妄想だが、とにかくだんだんとこのおじさんがやたらかっこよく見えてくるのだ。ちなみにSさんの話によると、音源によってはカセットテープでしか残されていない貴重なものもあるらしい。劣化してしまう前に、誰かに全国の盆踊り音源をデジタルデータなどでアーカイブしてもらいたいものだ。

様々な音頭が流れ、最後のトリとして選ばれたのが「炭坑節」「東京音頭」。曲目が発表されると、わっと歓声があがる。盆踊り界の大ヒットナンバー。やっぱり何だかんだいって、皆さんこの曲が好きなようだ。本日最後の曲とあって、これまで以上に熱気に包まれる会場。

これからはじまる本格的な盆踊りシーズンの幕開けを祝福するかのように、達人たちはやぐらのまわりを舞う。ああ、なんだろうかこの多幸感は。

踊りが終わった。気がつくとSさんがいない。踊りのハチャメチャのなかではぐれてしまっていたらしい。最後はもうただ自分で思うままにひたすらに踊っていた。人ごみのなかにSさんに姿を見つける。「おつかれさま！」「おつかれさまです、今日はいろいろありがとうございました！」。Sさんは会場にいるたくさんの盆踊り仲間さんとの会話で忙しそうだったので「じゃあ、僕はこれで」と、先においとまさせてもらうことにした。

閉店間際の夜店で安売りをしていた焼きそばを買って帰る。駅までの道すがらこらえきれずに食べるが、この焼きそばがめちゃくちゃうまい。単純に踊りで腹が減っていたのかもしれないが、これまでお祭りで食べたどの焼きそばよりもおいしく感じた。夜店の焼きそばが、こんなに胃にしみるなんて……。

「東京で一番早く行なわれる盆踊り」ということでやや身構えるところもあったが、あらためて盆踊りの楽しさを実感するような、初期衝動あふれる一夜であった。

[山王音頭と民踊大会]
場所　東京都千代田区永田町
日程　毎年6月13日〜15日　18時30分〜21時頃
主催　日枝神社
㊐　tel 03-3581-2471

坊さんが熱狂ダンスで客を煽る！
大本山總持寺　み霊祭り
（神奈川・横浜市）

とんちんかんちんな盆踊りを発見

一休さんのテーマで大盛り上がりする盆踊りがある。その噂は以前より耳にしており、ぜひとも行きたいと思っていた。だって一休さんっておかしいじゃないのさ。

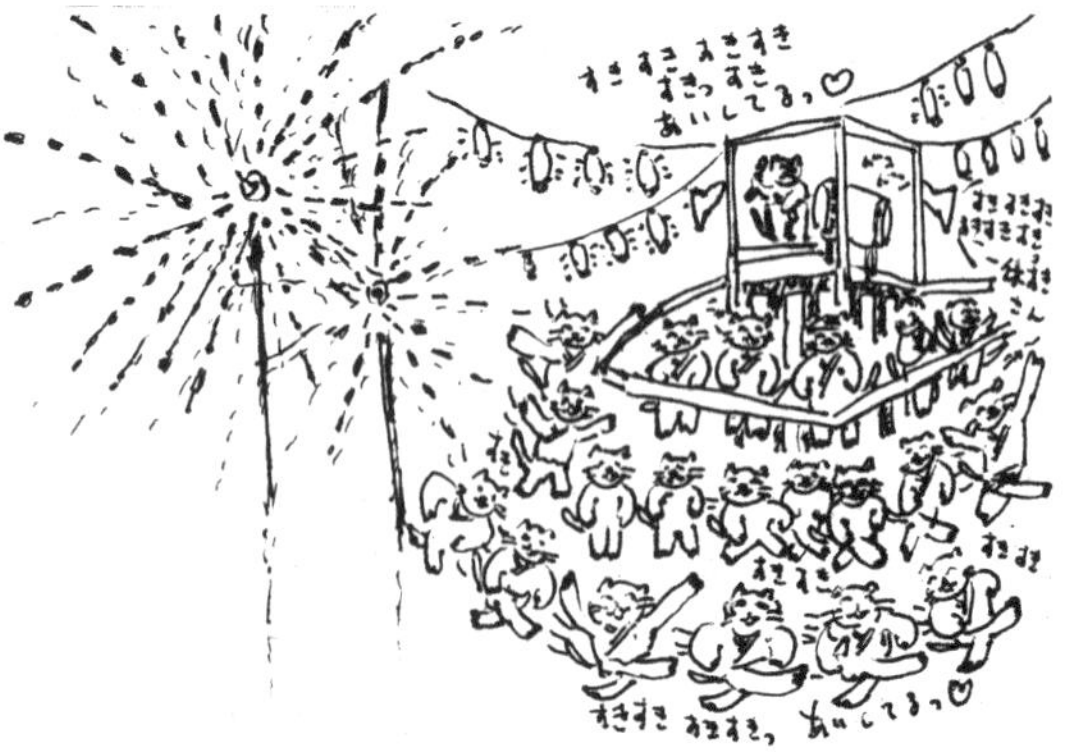

昔からアニメ作品をテーマとした音頭はあった。オバQ音頭、アラレちゃん音頭、ドラえもん音頭、新しいところではポケモン音頭。夏になるとエンディングテーマが音頭調になるというのは、一昔前のアニメでは恒例行事。しかし、一休さんのオープニングテーマ『とんちんかんちん一休さん』は盆踊り唄では決してない。でも、踊っちゃうらしい。なんでやねん。また話によると盆踊りでは、お寺の若いお坊さんがやぐらの上に立って、チャラいノリで踊る客をあおるらしい。かなり気になる。どんなもんなのか、実際に見てみたい。踊ってみたい。

さっそく踊りの先輩、『野宿野郎』のかとうさんを誘うと二つ返事でＯＫ。さすが、話がわかる方だ。

場所は横浜市鶴見区にある曹洞宗大本山總持寺。ちなみに実在した一休さん本人は臨済宗だったんだとか。どういうことなんだ。南無三だ。そこら辺の宗派の関係については疎いのであまり深堀りしないが、まぁあまり細かいことは気にしないようにしよう。

ヤングな坊さんがお客さんを誘導

鶴見の駅で待ち合わせをして、さっそく總持寺へと向かう。ちょっと遅刻してしまったので早歩き。道の途中、意外にも祭りへ向かうような風体の人はいない。え、この祭り、そんなに盛り上がってないの？が、そのハテナは会場の入り口にたどり着いた時、あっさりと破壊される。月並みの表現で申し訳ないが、人、人、人。人の海だ。なんじゃこら！と、かとうさんと驚愕。

おそるおそる中に入ってみると、本堂へと続く道がこれまた大混雑。クロールするように人をかき分けないと前に進めないくらいだ。立ち並ぶ屋台に意識を引かれつつも、盆踊り見たさにグイグイと前に進んだ。

しばらくすると、目の前に立派な門があらわれた。視界におさまらないくらいの大きな門。そのデカさに圧倒される。そして、いやが上にもテンションが高まる。總持寺の規模についてまったく予備知識がなかったのであるが、相当に大きなお寺であるようだ。

門をくぐると二度びっくり。急に視界が開けて、野球場のように広大な空間があらわれた。え、こんなに広いの？　遠くから聞こえてくる祭囃子。どうやら本当にここが会場らしい。そして、この場所にもやっぱり人、人、人。そして、道を行き交うたくさんのお客さんを誘導しているのは正真正銘のお坊さんだ。でたー、お坊さん！　みなさん、甚平を着て、坊主頭に手ぬぐいを巻いている。

「わたし、坊主頭フェチなんですよねえ」と出し抜けにかとうさん。そ、そうなのか。続けざまに「でも、手ぬぐいを巻いているのでガッカリです。坊主頭を見せて欲しい！」と主張。本気で残念がられているようなので、坊主頭への相当なこだわりがうかがえる。

いきなりポンコツ花火の洗礼

なおも人ごみのなかを進んで行くと、ようやく盆踊りのやぐらが見えてきた。が、肝心の音頭が聞こえてことない。というか、人はいるけど、みんな踊ってない。どういうことだ？　といぶかしがっていると、やぐらの上のお坊さんたちが絶叫しはじめた。

「さー、皆さんもっと下がってー。これから花火をやるから危ないですよー。皆さん花火を見たいですよねー、さあ下がって下がってー！」

どうやら、盆踊りの中休みに花火をするプログラムのようだ。盆踊り＋花火なんて、なんちゅう贅沢。それにしても、イメージを覆すお坊さんたちのラフな喋り方にビックリする。

「これから雨が降りますよ。その前に花火みたいですよね⁉　一休さん踊りたいですよねー⁉」

え、雨降るの？　なんて目を丸くしていると、空からさっそくパラパラと小雨。うわー、せっかく来たのにマジか。中止なのか。そんな状況でもやぐらの上のヤング坊主たちは「もうちょっと下がってー、もうちょっと！」と必死にアナウンス。まあ、花火はたいして興味ないけど、盆踊りはやって欲しい。遅れてしまったから自業自得とはいえ、どうしても一休さんは見なくては、踊らなくてはいけない！

お坊さんたちの指示に従ってじりじり後ろに下がっていると、ようやく花火大会がスタートした。ボカーンボカーンと空に打ち上げられ夜空を染める火の花。不意打ちだったけど、そういえば、今年初めて見る花火だ。大規模な花火大会にはもちろんかなわないが、間近で見ているとなかなか迫力があっていい。

なんというか荒削り。洗練されてはいないが、野生の力強さを感じるような不思議な花火である。

人ごみの向こうがぼおっと赤くなる。少し離れていて見えないが、どうやらナイアガラをやっているらしい。まるでちょっとしたぼや騒ぎでも起こっているかのように、煙がもうもうと立ちのぼっている。花火というより、火事。このワイルドさもたまらない。隅田川の花火大会が「メジャー」なら、總持寺の花火大会は「インディーズ」、と例えてみる。

ひとしきり花火が炸裂すると、再びワイルド坊主たちが喋り出す。「よーし、それじゃあ最後に一休さんを一曲踊るかあ!」。え、最後なの? もう、終わりなの? スマホの時間表示を見ると、まだ20時30分。事前に調べたところ終了時間は21時00分とあったため、遅刻したことも原因だが、これから予想される雨の本降りに備えて早めに切り上げるつもりらしい。ヒャー残念と思いつつも、もうどうしようもないので、その一回を全力で楽しむしかない。かとうさんとダッシュで踊りの輪、最前線に加わる。

一休さんで爆発、熱狂する盆おどラーたち

花火が終わって出口に向かう客と逆行して走り、やぐら付近に到着すると、あれまあビックリ。若者しかいません。何度目をこすっても、二度見をしても、やぐらのまわりにいるのは若者たちばかり。

「盆踊りといえばおじいちゃんおばあちゃんが主役でしょ？」

この考えはあながち偏見というわけでもなく、実際に僕がこれまで参加した限りだと一般的な盆踊りはある一定以上の年齢の人が大半を占めるというのは実感としてある。若くてせいぜい20代か大学生くらい。ところが總持寺の盆踊り会場ときたら、高校生と見受けられる子がゴロゴロといる。圧倒的に平均年齢が他の会場より低い。おいおい、一体どんな盆踊りなんだよ！　期待の気持ちが溶岩となって大噴火する。

「それじゃあ、一休さん！」

かけ声とともに、オーディエンスがドッ。本当に「ドッ」という音が聞こえてきそうなくらいに、盛り上がる会場。そして、なだれ込むかのように一休さんのテーマソングが鳴り響く。「きた！」と思った瞬間、周りの人間が急に活力を取り戻したかのように一斉に動き出す。え、まだ心の準備ができてないいんだけど⁉

「イチ、二、サンシ、みーぎ！　ひーだーり！　イチ、二、サンシ、ひだり！　みーぎ！」

お坊さんたちの威勢のいいコールに呼応して、右に左に忙しく動き回る人々。いままでの盆踊りと全っ然雰囲気が違う。足の華麗な運びとか、手先のしなやかさ、そういった技術は一切関係ない。ただ楽しいという情動に素直にしたがって動く。そういう踊りだ。

「ハイ！　ハイ！　ハイ！　ハイ！　ぅー、ハイ！」

「あいしてるー！」

「あー、あー、なむさんだー！」

「ほーっぺ！　ほーっぺ！」

「オイオイ！　オイオイ！」

ちなみに、最初の「ぅー、ハイ！」のところではお客さん全員でジャンプしています。なんじゃ、そのアグレッシブさは……。

およそ「通常」の盆踊りとはかけ離れた、コール＆レスポンス、そしてシングアロング。だ、ダメだ、追いつけねえ！　と右往左往する僕とかとうさん。しかし、この熱狂的な空気に慣れることができれば踊りは簡単だ。歌の途中でいちいち坊さんによってシャウトされる掛け声がそのまま踊りのガイドになっていて、例えば「みーぎ、ひーだーり」という掛け声では、その通り右と左に交互に動けばいいし、「ほーっぺ！　ほーっぺ！」という謎の掛け声では、人差し指で両方のほっぺたを指して、アニメの一休さんのように愛嬌をふりまけばいいわけだ。実にビギナーに優しい踊り。覚えやすいので、すぐ踊

りの輪に同化することができる。やぐらの上の坊さんの軽快な動きも面白い。そして繰り返すけど、踊ってるお客さん、みんな若い！　そしてみんな、本当に心の底から楽しそうです。

ショート&ファスト&ラウド

が、ようやく踊りの全貌がつかめたなー、というところで、曲が終了してしまった。「え、もう終わりですか？」とかとうさん。踊りながらお坊さんの写真をバシバシ撮っていたけど、あまりにあっさりと終わってしまったので取り残されたかのようにキョトンとしている。

「まだ、明日もあるから来てくれよなー」というシメの言葉も飛び出してしまっているので、いよいよ本当に今日の盆踊りは終わりらしい！　なんということでしょうか。狙い澄ましたかのように、先ほどからぽつぽつと来ていた雨が本降りとなっていく。潮が引くようにサーッと出口に向かって動き出す観客。あれよあれよという間に雨脚は土砂降りの様相を呈してきたので、僕とかとうさんもやや消化不良のまま、駆け足で会場を後にした。まだ時間も浅いので、取りあえず駅前の定食屋に二人で駆け込みビール。「踊り足りねえなー」を連発しながらほどよく酔ったところで解散となった。

雨が残念だったが、それにしても面白かったことは間違いない。帰りの電車のなかで先ほどの熱狂を思い出す。「盆踊りってこういう形であってもいいんだ」という発見。形式とか伝統ではなく、ただ輪の中に入ればいい。そして楽しめばいいのだ。

ここでいきなり昔話がはじまる

一休さんの盆踊りに参加して、高校時代のことをふと思い出した。僕のいた高校は伝統的に学園祭への熱量がやたら高く、手を抜くクラスはひとつもない。ビバ青春！という雰囲気が蔓延しており、その手のノリが苦手な者は自然にあぶれものとなっていく運命だ。

後夜祭では、生徒が体育館でオリジナルダンスを踊るのも名物のひとつとなっている。もちろん盆踊りではなく、当時流行していたユーロビートにのせた現代風のダンス。全校生徒が体育館が揺れるほどに激しく踊る。祭りが終わった後の達成感、開放感もあいまって無性に楽しいらしい。とにかく生徒たちは踊ることが楽しみで、学園祭の準備期間中はこぞって教室の隅でダンスの自主練をしていた。体育館のステージ上で踊る選抜メンバーは、女子たちの憧れの的だった。

そんな妙なダンス文化が根付く高校だったのだ。總持寺の盆踊りはまさに「文化祭」

のようなエネルギッシュでヤングな雰囲気で、あの高校時代のダンスをつい思い出してしまったのである。

さて、ご推察の通りあぶれものチームに属していた僕は、その他のぼんくらメンバーたちと一緒に体育館の隅に根っころがってみんなが熱狂してダンスする様子を毎年ボンヤリと眺めていた。ダンス参加は強制ではないので、特に文句を言われることもない。ただ自分たちで腐っていくだけだ。

しかし実のところ、あの熱狂の渦のなかに入ってみたい、という気持ちがどこか自分の心の中にあったのも確かだ。踊りに対してなにか特別な思い入れがあったわけではないのだけれど。プロローグで高校時代に自分がネクラだったことについて述べた。しかし、自ら望んで暗くなっていったわけではもちろんない。由来不明のよく分からないプライドとか意地とか被害妄想が、斜に構えた態度として表出して、意に反して「ダメ」な方向に自分を走らせたようだ。勇気を持って一歩踏み出し、あのダンスのなかにジョインしていたら、自分の人生もだいぶ変わったものになったかもしれない。実はもっとシンプルで簡単なことだったのかもしれない。

何の因果か、大人になって僕は日本各地のダンスの輪の中で踊り狂っている。一体、どうしてしまったというのだ。別にそんな意図はないはずなのだけれど、日々踊りながらあの高校時代の無念を晴らしているのかもしれない。そんな思いに駆られた總持寺の盆踊りであった。

[大本山總持寺 み霊祭り　納涼盆踊り大会]
場所　神奈川県横浜市鶴見区
日程　7 月 17 日〜 19 日（2015 年）17 時 30 分〜 21 時
主催　大本山總持寺　三松会
㊐　tel 045-581-6021（代表）

注意点その他
21 時の時点で会場を閉める為、20 時 30 分〜 45 分ごろに帰りの誘導を始める

踊りも祭りもアメリカンサイズ！米軍基地キャンプ座間の盆踊り

（神奈川・座間市）

日本で海外の盆踊りを体感する

ボン・フェスティバル。

「お盆」を英語でいうとつまりはそういうことらしい。なんだか、日本語の語感よりも過剰に楽しげな響きがあって愉快である。で、盆踊りを「ボン・オドリ・ダンス」「ボ

ン・オドリ・フェスティバル」と表現するそうだ。実際『Bon Odori Festival』というイベントも存在する。何かというと、座間の米軍基地で夏に開催される盆踊り大会の名称である。日本語では『日米親善　盆踊り大会』と表記される。

最初に米軍基地で盆踊り大会をやるらしいという話を人から聞いた時、僕は色めき立った。以前から、海外でも盆踊り大会が行われていることを聞いており、特にハワイやブラジルなどの日系人コミュニティのある場所では盛んだということは知っていた。ハワイの盆踊り、ぜひいつか行ってみたいという思いはあったのだけれど、いかんせん海を渡るのはややハードルが高い。っていうか、29歳にしていまだ海外旅行ドーテーでパスポートも持っていない僕である。ハードルはバベルの塔のごとく天井知らずに高くなっていく……。

しかし、米軍基地なら海外に行かずとも、お手軽に異文化盆踊りの空気感を楽しめるのではないか！　さっそく、米軍基地の盆踊り大会について詳しく調べることにした。

身分証明書が必要な盆踊り大会

イベントの詳細について確認してみると、いきなり大きな壁が立ちはだかった。なんと、米軍基地のゲートをくぐるには顔写真付きの身分証明書が必要だというのだ。先にパスポートを持っていないと述べたが、まさか日本でも立ち入りにパスポートが必要な場所があるとは思わなかった。

まず考えたのが、これを機にパスポートを取得してしまおうか、という素直な発想。しかし、取得には一万円とかそこそこのお金がかかるらしい。そしていろいろ手続きで一週間はかかるらしい。実はパスポートについて考えている時点で、盆踊り大会まで一週間を切っていた。どうしても間に合わない。詰んだ。

いや、まだだ。ひとつ可能性が残されている。住民基本台帳カードだ。住んでいる自治体で発行されるあのカード。顔写真付きで、しかも手続きはめちゃくちゃ簡単らしい。すぐに手に入るということも分かったので、さっそく近所の役所に直行した。簡単な説明を受け、書類にホニャララと書いて、あとは郵送で送られて来る書類を待つのみだ。それにしても手続きの時に聞いた「まあ、この自治体では住基カードでできることって何もないんですけど」という説明はしびれた。いまのところ、本当にただの身分証明書としてしか機能しないようだ。というわけで、手続きから1週間ほどで首尾よく米軍基地へ入場する夢のチケット（住基カード）をゲットしたのであった。

浴衣姿でボディチェック

米軍基地の盆踊りを人に話すと「座間って沖縄？」とか「埼玉だっけ？」といろいろ間違われる。正解は神奈川県だ。いまいち人から理解されていない座間（自分のまわりだけか？）。正直、自分もよく分かっていない。

最寄り駅は小田急小田原線「相武台前」駅。そこからバスで数分の場所に米軍基地はある。到着して門の前で待っていると、一人の男性が駆け寄って来た。デイリーポータルZなどのＷｅｂサイトで記事を書いている大北栄人さんだ。僕がTwitterで「米軍基地の盆踊りってあるんだー！」などとギャーギャー騒いでいたのが目に留まり、記事のネタとして興味を持たれたらしく、「一緒に行ってもいいですか？」と声をかけてくださったのだ。「米軍基地」「盆踊り」というマジックフレーズの組み合わせは、かくも人を魅了するのだ。

会場の入り口はゲートになっていて、荷物検査やボディチェックが行われている。史上最強に物騒な盆踊りだ。駅のトイレですでに着替えてきていた僕は浴衣の状態でボディチェックを受ける。なんというか我ながら珍妙な光景だ。僕の後に続いて入ってくる浴衣姿の人たちも次々とボディチェックをされていく。写真を撮らなかったことが悔やまれる。

遊具もオモチャもアメリカン

敷地に入るとまず見えてきたのがバルーンでできた巨大なアトラクションだ。キャラクターを模したバルーンの中で飛び跳ねる子どもの遊具をイベント会場で見かけたことがあるだろう。あんな感じの巨大バルーンが5つほど広場に並んでいる。大きな滑り台や丸太小屋のようなバルーンもあって、そのバリエーションの豊富さとスケールのデカさに驚く。ここにジェットコースターとか観覧車もラインナップに加えて、全部バルーンの遊園地なんてあったら面白そうだ。

さらにグイグイと敷地内に進むと、道なりにズラーッと屋台が並ぶ祭りらしい光景が見えて来た。さすがアメリカというだけあって、屋台も大陸級。何だか得体の知れない肉塊がいろいろと売られている。隣の大北さんは七面鳥の脚に興奮。「あれ、七面鳥ですよね？」と、しきりに口にしている。そして本当に買ってしまった。どう考えても一人じゃ食いきれない量。巨大な肉は人の判断力を狂わせる。スイーツも米軍基地の祭りはひと味違う。だって屋台でチーズケーキが売ってるんだもん。りんご飴とかチョコバナナとか、そんなしけたもんじゃない。チーズケーキだ。「日本の祭りでチーズケーキ、まず見ないですよね」と再び大北さん大興奮。そして、これも買ってしまう。ヤバい、完全にトランス状態だ。とある屋台では、キッズたちがワイワイ言いながらお菓子を作っている。そして屋台の前には長蛇の列。なにか？　と観察してみると、巨大なパンのよ

うなものに粉砂糖をバッカバッカかけたカロリーの親玉みたいなものを売っている。これが日本なら綿菓子やポン菓子というのが関の山だが、米国流は粉砂糖をバッカバッカかけた「何か」だ。スケールが違う。

売っているのは食べ物だけではない。例えば衣類を売っているお店。通常の店だと目ん玉ひんむくような値段で売られているアウトドア系のジャケットなどが、かなりの格安価格で売られていたりする。子ども向けのオモチャも充実している。場所柄なのか、多いのはミリタリー系のオモチャ。素人目に見ても本格的な雰囲気のエアガンなどが並ぶ。ボタンを押すと七色の愉快な音がでるレーザー銃は男子たちに大好評で、あちこちで「ピュルルルル」「ビカビカ！」とサイバーな音が鳴り響いている。個人的には、いかにもアメリカ人が好みそうな忍者の武器セットが一番気になった。

緑のなかにぽつんと立つやぐら

お店を一通り冷やかした後は、いよいよ盆踊りの会場へと向かう。途中で手に入れたパンフレットを見ながら案内に従って屋台の中を歩いて行くと、急に視界が開ける。辺り一面、緑の芝生に覆われたその敷地は、どうやら野球のフィールドらしい。その真ん中に、ポツンと白い建造物が見える。

やぐらである。真っ白な骨組みに、カラフルな提灯。そして芝生。青空。普通の盆踊りでは、なかなか見ない色調だ。これだ。これぞ、アメリカだ！　フィールド・オブ・ドリームスだ！　よく分からない興奮がこみ上げてくる。アメリカ行ったことないけど。やぐらの前にはこれまた白い台座と、無数のパイプ椅子が並んでいる。ＶＩＰ席だ。すごい、盆踊りのＶＩＰ席があるぞ！　これもまたアメリカである！　と感動が襲いかかる。

ひとしきり感動したところで、些細ながら大事なことに気がつく。現在、16時。パンフレットを見ると、盆踊りの開始時刻は18時40分だ（ちなみにパンフでは盆踊りのことを『Bon Tower Event』と表記している）。おい、盆踊りまで2時間以上あるじゃないか！「早く来すぎましたね～」と、僕と一緒にアメリカ式やぐらに興奮していた大北さんがつぶやく。そうだ。それまでどうしよう。仕方なく、盆踊り会場近くの音楽ステージで何か食べながら時間をつぶすことにした。大北さんは買って来た七面鳥とチーズケーキにパクつく。僕は僕でマンゴーシロップと果肉がたっぷりかかったバカでかいかき氷を食べる。ステージに立つのはブラスバンド風のオッサンたち。

それに続くのは、「Samurai of Rock」というコピーバンド。全般的にゆるい雰囲気が漂うが、総じてやたら演奏レベルが高いのが特徴だ。

かけ声は「ワン・ツウ・スリー・フォッ……」

ぼんやりしていると、いよいよその時間がやってきた。ヨイショと腰を上げて、先ほどの盆踊りステージに向かう。さすがに開始直前となると、周辺にパラパラと人が集まってきている。VIP席には関係者たちが座って、いまかいまかと祭りの開始を待っている。やぐらの近くでは、浴衣で着飾ったアメリカ人の方々が輪をつくって盆踊りの練習をしていた。

「ワン・ツウ・スリー・フォッ……」という掛け声はまさに米軍基地ならでは。ちなみに、盆踊りはチーム制となっており、やぐらの上では20ほどのチームが入れ代わり立ち代わり交替で踊るらしい。そのやぐらを囲むようにして一般参加者が踊れるようになっている。というわけで、さっそくやぐらの近くに駆け寄る。

まだ初っ端ということもあり、踊りの輪を囲む人はまばら。そのくせ、輪の大きさは妙にデカイ。前後に並ぶ人の間隔が広めで、やや心細い思いをしながら盆踊りスタート。

曲目は少なく東京音頭、炭坑節といったスタンダードナンバーから、ソーラン節やご当地の相模原音頭というラインナップで、それらの曲が順繰りに流れるという感じ。「フィラデルフィア音頭」みたいなアメリカご当地ソングは流れない（そんな音頭はない）。やぐらの上では、一曲ごとにチームが交代して踊る。アメリカ人ばかりのチームもあれば、日本人のチームもあり、割とごった煮だ。踊りながらあたりを見回すと、輪

の中にも浴衣を着たアメリカンが多数。しかも、全然オレよりうまいじゃないか！　踊り好きの間に囲まれて踊るのもアウェーだが、ここでは別のアウェー感がある。特にソーラン節やら相模原音頭はほとんど初めて踊る音頭なので、勝手が分からない。例によって踊りのうまそうな人を見つけて、その方の後ろで見よう見まねで踊る。そのぎこちない姿を、取材でやって来ている大北さんがバシャバシャと写真に撮るので恥ずかしい。

時間が経つにつれ、どんどんと人が増えてくる。アメリカ人の参加者の年齢層は小さい子から、フレッシュ感あふれるティーンエイジャー、踊りに慣れた感じの年配の方まで幅広い。熟練者風の日本のおばちゃんが、アメリカ人に踊りを教えている光景もチラホラ見かけて、何だか微笑ましい。服装は普段着の人が多いが、浴衣を着ている方もけっこういる。女性は言うまでもなくキレイだし、男性もなかなか渋く決まっている。特にオッサン外国人が浴衣を着崩しているのは妙にセクシーだ。ＹＵＫＡＴＡ、海外でも流行るんじゃないか。

踊りの輪の中ではあまり分からなかったのだが（自分のことでいっぱいいっぱいになってしまった）、外から見ていた大北さんによるとアメリカの方々もかなりノリノリで踊っていたらしい。日常にパーティーが浸透している彼ら／彼女らの目には日本のダンスパーティーがどのように写るのだろうか。そんな懸念もあったが、踊ってしまえばみんな同じである。盛り上がるしかない。

たっぷり2時間ほど踊って盆踊りフェスは終了。イェー！という歓声とともに踊りが

締めくくられる。ベリーお疲れ様でした！

花火に背を向けて

さあ帰ろうと会場から離れると、すぐ近くにものすごい人だかり。のぞいてみると、DJブースを囲んで人々がガンガン踊っているのだ。このリア充感、盆踊りの比ではない。日本の祭りで、こんな光景見たことないぞ……。しばし呆気にとられる大北さんと僕。再び歩き出すと、周辺の灯りがふと消える。どうした⁉　と思った瞬間に、ドカーンと空中で炸裂音。花火だ。余興程度に二三発ぶっ放すだけかと思ったら、会場を出て駅に向かって歩いてる最中も、ずっと背中で花火がどんぱち鳴り響いている。振り返ると大きな大輪が何度も夜空に咲く。無駄にスケールがデカいのだ。花火もアメリカンサイズ。途中、さしかかった陸橋に人がずらりと並んで、呆けた顔で空を眺めていた。この無防備な感じが好きだ。花火は人をアホにさせる。踊りも人をアホにさせる。アホに国境はないのだ。

[在日米陸軍キャンプ座間　日米親善盆踊り大会]

場所　神奈川県座間市キャンプ座間
日程　毎年 8 月の第一土曜日 10 時 30 分～ 21 時
主催　在日米陸軍基地管理本部
㊐　公式フェイスブック https://www.facebook.com/USAGJapan

注意点その他
基地の一部を一般開放してのイベントです。入門の際に写真付身分証明書（パスポート、運転免許証など）の提示が必須となります。会場および周辺に駐車場・駐輪場はありません。公共交通機関をご利用ください。諸事情により急に内容や入門条件に変更がある場合がありますので、ホームページやフェイスブックなどで最新情報を確認の上ご来場ください。

縦横無尽に会場を飛び跳ねる！
会津のかんしょ踊り

（福島・会津若松市）

あの盆踊りに、また会いたくて

一目惚れした盆踊りに再会するため、一人旅へと出かけた。福島に。

数年前、まだ盆踊りにハマりたての頃にふらっと参加した東京の盆踊り大会がきっかけだった。そこで披露された踊りが、福島の「かんしょ踊り」だ。当時まだ僕は盆踊り

ビギナーだったので、踊りの輪に入るだけでビクビク。しかも付き添いもなく、一人で盆踊りに参加するのはほぼ初めてだった。そんな状態で勇気を出して一歩踏み出し、踊ってみたらこれが妙に楽しかった。

後で調べてみると、そのかんしょ踊りというものが、最近になって有志の手によって普及活動が行なわれている昔ながらの盆踊りだということがわかった。普及の担い手となっているのが、「かんしょ踊り保存会」という団体。公式ホームページをのぞくと、次のように書かれている。

かんしょ踊り保存会は、2012年の6月に設立しました。会津の伝統芸能「民謡」の代表格「会津磐梯山踊り」の起源と云われる「かんしょ踊り」を、もっと多くの方に知ってもらい、踊り継いでもらえるようにと、会を発足しました。

会津磐梯山踊りというのはどこかで聞いたことがある。その起源となるのが「かんしょ踊り」なのだという。さらに、保存会のホームページに気になる一節があった。

「かんしょ」とは会津弁で「一心不乱、無我夢中になる様」を意味し、まさに言葉通り、当時は若者を中心に朝まで踊り明かしたそうです。

もうこの文面だけでワクワクしてくるのは、盆踊り好き特有の症状だろうか。一心不乱で無我夢中になる盆踊り。ああ〜、踊ってみたい。参加してみたい。が、このかんしょ踊りを体験できるのは、目下のところ保存会が主催もしくは参加するイベントにほぼ限られるようで、しかも会津若松を拠点としているので、なかなか参加できるチャンスはないようだ。いつかきっと……そんな想いを抱いたまま月日は流れていった。

いよいよ踊りの時は来た

ある日、Facebookをぼんやりと眺めていたら、かんしょ踊り保存会の投稿が流れて来た。そういえば、保存会のFacebookページをフォローしていたのだった。投稿はイベントの告知で、しかしてテキストによる説明はほぼなく、ただイベントのポスターを撮影した画像が大きく掲載されるのみである。

かんしょ祭り。そのものずばりの名前だ。こんな祭りがあったのか！と、あわてて主催のかんしょ踊り保存会の公式HPをチェックするも、なんとイベントの詳細情報が見当たらない。え、どうすればいいの？　どうしようもない。手がかりとなるのは、先ほどFacebookで投稿されていたポスターの画像のみ。しかも、ポスターそのものではなく、ポスターを近くから撮影した画像だ。画質ちょっと粗い。でもなんとか画像から開催場

所と日時を確認する。よし、大丈夫。これを逃したらいつ参加できるか分からない。スケジュールを確認して、かんしょ踊りのためだけに会津若松行きを決定したのだった。

さて、この夏はかんしょ踊り以外にも色々遠征をする予定なので、費用はなるべくおさえたい。ということで、会津若松まで鈍行列車で行って、その日のうちに夜行バスで東京に帰る計画を立てた。一日泊まって観光すればいいじゃんという声も聞こえてきそうだが、宿代だってケチりたいという貧乏根性だ。エッヘン。

会津若松には郡山を経由して向かう。鈍行だと東京からの所要時間は7時間くらい。祭りは夜からだから、朝っぱらからでかければ、午後の早い時間には向こうに着くことができる。余裕があれば途中で猪苗代湖に立ち寄ることもできるだろうが、とにかく頭の中には踊りのことしかないため、バカみたいに真っすぐ会津若松駅に行ってしまった。

八重、野口英世、ソースカツ丼

駅から出て空を仰ぐと若干の曇り空。実際、少し小雨もぱらついたりして、夏真っ盛りなのに、ちょいと肌寒いくらい。

実は先日から台風が近づいていて、前日も四国あたりが大雨で大変なことになっていたため、今回のかんしょ踊りも中止の懸念があった。せっかく遠征したのに、雨天中止

では残念だ。そこで、念のため事前にFacebookを通じて保存会のページに「雨でもやりますか？」と問い合わせてみたのだが、「朝から土砂降りでないかぎり、決行したいと思います」という大変心強いお返事がきていたのだった。素晴らしい。

空を見上げながら、まあこの程度の雨なら確実に祭りは開催されるだろう、とひとまず安心。祭りまで時間があるので、周辺を散策してみることにした。

駅前から少し歩くと、ほどなくして道幅の広い大きな商店街が現れる。お店が多くてなかなかしっかりした商店街。ところどころで見かけるのは、2013年に大河ドラマ『八重の桜』の主人公にもなった新島八重のイラストである。『八重の桜』は会津を舞台にした作品。まだまだ放送終了から一年しか経ってないということで、その余韻が町のあちこちに残っている。

そして、野口英世。この町、ものすごい勢いで野口英世推しである。あとから調べてみると、野口英世は会津若松市の隣である現・猪苗代町の出身であるらしい。10代の頃に医師を目指した英世は会津若松の会陽医院という病院に入門し書生として医学を学んだのだとか。幼い頃に火傷を負った英世が治療を受けたのも、この会陽医院だという。

さらに歩くと、やたらパーマを連呼する店を発見。だんだん「パーマン」に見えてくる。知らない町を訪れると、こういう面白い風景に出くわすのが嬉しい。

ソースカツ丼をウリにする店もよく見かけた。B級グルメとしてソースカツ丼をプッシュしているらしい。では会津若松がソースカツ丼発祥の地かというと、諸説あるらし

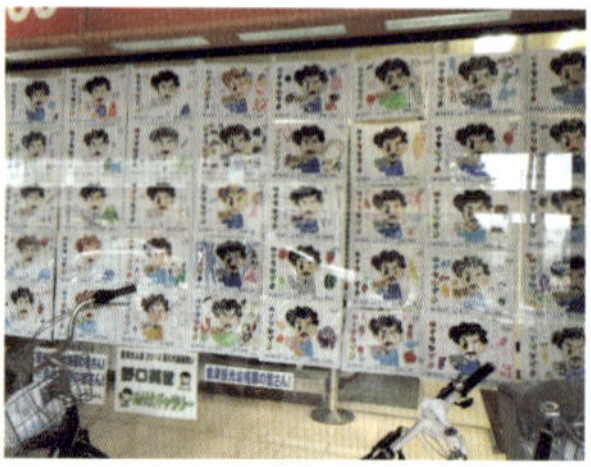

く、東京の早稲田とか、群馬の桐生市とか、その他いろいろ自称「発祥地」がある。食べ物の「元祖」「発祥地」問題ってけっこうめんどくさそうだ。

当日東京に帰るにしても、なにか旅行らしいことはしておきたかったので、適当な洋食屋に入ってソースカツ丼を注文してみた。会津の郷土料理をまとめて味わえる「会津くいしん坊定食」。ソースカツ丼にさくら刺し、にしんの山椒漬けと盛りだくさん。丼の上でカツがはみ出るほどの存在感を放つのが会津のソースカツ丼なのだろうか。ともかくボリューミーで、食べた後お尻からそのままカツが出そうになった。

近くにお城もあったので行ってみることにした。鶴ヶ城である。「〜である」とエラそうに言ってみたが、お城の知識はまったくない。

案内板などを読んでみると、鶴ヶ城は若松城とも言われるらしく、江戸時代末期の戊辰戦争では新政府軍の攻撃に一ヶ月も耐えたそうだ。それにしても城っていうのは、まじまじと近くで見てみると、変な気持ちになってくる。これは家なのか、基地なのか、もっと別なものなのか。この現象を「城ゲシュタルト崩壊」と呼びたい。

やぐらが存在しない盆踊り会場

会津の町を堪能したところで、祭りの時間がきた。さっそく会場へと向かってみるこ

とにした。場所は銀行の駐車場を開放したスペースだ。

駐車場には屋台が立ち並び、さらに会場の中心にはステージが用意されている。到着した時点ではステージでダンスグループがパフォーマンスをしていたが、ここに太鼓を持ち込んで演奏をするのだろう。それにしても、盆踊りになくてはならないアレが見当たらない。そう、やぐらだ。東京で初体験したかんしょ踊りではやぐらのまわりを回って踊ったのだが、これはどういうことだろうか。頭にハテナを浮かべているとダンスパフォーマンスが終わり、法被や着物姿のそれらしき人たちが登場した。いよいよかんしょ踊りのスタートらしい。

まずは練習コーナーからスタート。自分もかんしょ踊りを踊ったのは数年前なので、ほとんど覚えていない。これはありがたい。スタッフの人の動きを見よう見まねで真似する。

かんしょ踊りの動きはかなりシンプルだ。まず左足と左手を同時に突き出す。今度は右足と右手を同時出し。また左足と左手。続いては、これまでとは逆に左手足を後ろに引く、次に右手足を後ろに引く。最後は、素早く2歩前進しつつ、前にピョンと跳んで手を叩く。これの繰り返しである。他の一般的な盆踊りに比べると、振り付けはシンプル。ただ違うのは、テンポが速いのだ。最初こそゆっくりであるが、じょじょにお囃子はテンポアップし、踊りもだんだんと速くなっていく。シンプルな踊りであっても、スピードが増すと運動量も増す。ちょっと踊っただけで汗が肌に浮かぶが「一心不乱、無

我夢中になる」というキャッチフレーズもうなずける楽しさだ。

踊りの輪を無視して、むちゃくちゃに動き出す

練習が終わり、いよいよ本番スタート。ステージ上の囃し手が笛と太鼓の演奏をはじめる。

もちろん一般人も参加できるイベントであるが、最初ということでまだ様子見のお客さんが多い。ステージ前に出て来たのは保存会らしき衣装を着た人ばかり。自分は、というと当然ガマンすることができず、最初から踊りに参加する。

さて、やぐらがないけどどうやって踊るの？　というのが気になっていたのだが、最初なんとなくみな反時計回りに輪を描いて踊っている。と、思いきや、輪の流れを無視して明後日の方向から、ぴょーんと飛び出してくる人も。な、なんだ？と思っていると、意外にも多くの人が輪の流れを無視して踊っている。か、カオスだ！　踊りと演奏が熱を帯びるごとに、フライパンの上で跳ねるポップコーンのごとく四方八方に動き出す。これは完全に「攻め」の盆踊り。た、楽しい！

盆踊りは単純な振り付けほど奥が深い。かんしょ踊りもうまい人を見ていると、手の振り上げ方、地面のキックの仕方が様になっている。どれが正解というのはない。上品

なナリの年配女性は空気を優しくかき混ぜるように優雅に舞う。若い人は逆にアグレッシブな動きで魅せる。しばらく観察していると、腰をかがめて腕と腰をダイナミックに動かすのが一番カッコよく見えることがわかってきた。さっそく、自分の踊りにその型を取り入れる。

踊りが終盤になると、いよいよお囃子のテンポは加速度を増してくる。踊りながら、肩をぶつけないように人の合間をぬって駆け抜ける爽快感。夢中になって汗を流していると、盛り上がりが最高潮に達したところで踊りの終了。正味15分くらいだが、汗びっしょりだ。いやあ、楽しい！

盆踊りの幕間にストリートダンス

ところで、だ。まだ踊りがはじまって30分も経っていない。一体この祭りはこのあとどうなるのだ、と思っていたら、先ほどまで盆踊りをしていた場所にお揃い衣装のガールズたちが乱入してきた。なにごと？　と思っていると、先ほどのお囃子とは打って変わってアゲアゲアッパーなダンスチューンとともに、女子たちがストリートダンスを踊り出した。

さっきとまったく違う世界観が展開される会場。もう、いろいろカオスだ。いろいろ

カオスだ！　でも、カッコいい。悔しいくらいに。現代的な「ダンス」と古典的な「盆踊り」、なんだか両者縁遠い存在にも思えるけど、やっぱり同じ「踊り」なんだなってことを実感する。

ダンスが終わると再び「かんしょ踊り」の時間。今度は我々がアグレッシブになる時間です。どうやらこのイベントは盆踊りとダンスパフォーマンスを交互に繰り返すという構成らしい。踊りで疲れたら、ダンスを見ながら休憩……なんかのエクササイズか。傍らを見ると、さっきダンスしてた女子たちもかんしょ踊りを踊っている。もう何でもありだ。

踊りながら、かんしょ踊りは「ねぶた」に通じてるところがあるな、と思った。ねぶたとは、言わずもがな青森のねぶた祭りである。過去に数回ほど参加した経験があるのだが、ねぶたの踊り手は「跳人《はねと》」と呼ばれており、その名の通り「踊る」というより「跳ねる」。足を右左交互にケンケンするだけなのだが、体力も使うし、動きは単純でも人によって全然見え方が違う。優れた跳人はまるで宙に浮いているかのような躍動感のある動きをする。

かんしょ踊りも同様で、ミニマムな動作のなかに奥深さがあり、踊りを重ねるごとに工夫のポイントが見つかり「もっとよく踊れるかも！」という向上心が心の底から湧いてくる。

かんしょ踊りが終わり再びダンスのコーナー。今度は男子ダンサーがソロで出てきた。

彼のダンスもまたカッコいい。かんしょ踊り、かなり体力を消耗するため、他の盆踊りのように長時間続けて踊ることはできない。踊りの合間に、こういった異なるメニューを挟み込んでいくのは、たしかに名案である、と気づく。

4セットぐらいこなしてくると、さすがに息があがってくる。こんなに疲れているのは僕だけじゃないはず。なのに、踊ってる人たち、みんな笑顔。楽しくてしかたがないのである。ええい、それではこっちも何時間だって付き合ってやる！　負けん気根性を発揮して、さらに力強く踊ってみる。

踊りに夢中になるあまり、時間を忘れそうになった。いけね！　夜行バスで翌日の朝に東京に帰る予定になっているため、バスの出発時間までに郡山駅まで戻らなければいけないのだ。終わりの時間を待たずして、泣く泣く会場を後にする。さらば、かんしょ踊りよ。また、いつどこで会えるものか。

踊りでコミュニケーション

ひたすら激しく、夢中になれるかんしょ踊りはとても楽しかった。やぐらがない、という驚きはあったが、むしろ「中心」がないことで、思うがままに自由に踊り回ることができた。

それにしても、と思う。わざわざ盆踊りに参加するために一人で遠征するなんて少々やり過ぎかなと思ったのだが、実際に足を伸ばして踊ってみると、コレが良かった。その土地の空気、食べ物、人々の息づかい、文化を感じながら踊りで汗をかく。言葉はなくとも、一緒に踊っているとコミュニケーションをしているような気分になってくる。どんな人見知りでも、踊りがあれば世界中の人とつながれるのかもしれない、そんなバカみたいな壮大な気分にすらなってくる。

まだまだ、日本には様々な盆踊りがある。これからの人生をかけて、たくさんの盆踊りに参加していきたいと思った「かんしょ踊り」旅行であった。

[かんしょ祭り]
場所　福島県会津若松市
日程　8月上旬予定
主催　かんしょ踊り保存会
㊐　http://www.gurutto-aizu.com/detail/index_211.html

現代に誕生した肉食系音頭！

池袋のにゅ〜盆踊り

（東京・豊島区）

池袋に盆踊りの新定番が爆誕！

古くから伝承される盆踊りもあれば、新しく生まれる盆踊りもある。というわけで池袋で「にゅ〜盆踊り」というイベントがあると聞いて、気になっていたのだ。「にゅ〜」というのは、もちろん「ＮＥＷ」ってことだ。おニューな盆踊りってどんな感じ？ 調

べてみると、著名なダンサーさんが振り付けを考えた音頭で踊るらしい。ふむふむ。

場所は池袋西口公園。いわゆる池袋ウエストゲートパーク。東京芸術劇場の真ん前だ。隣駅の目白で勤めていた経験もあるが、なぜか池袋の地理には疎い僕。スマホの地図とにらめっこしながら、会場にたどり着いた。少し遅れたせいか、既に多くの人が公園の広場に集まって、何やら踊っている。広場の中央にはやぐらがあり、その前方には中規模のステージが設置されている。お囃子はステージで、ダンサーはやぐらの上、という配置のようだ。さあて、自分も混ざろうかしらとおもっていたら、雨。しかも、けっこう大降りの。

イベント参加者らしき人々が芸術劇場に避難している。あれまこれまと、自分も着いて早々に退避。後から『野宿野郎』のかとうさん、本連載の担当編集者の宮川さんも来るらしい。よーし、適当に合流しようと、取りあえず雨が止むのを待つ。

チロチロと小雨になったところで、スタッフが「はじまりますー！」とアナウンスしはじめた。待ってましたとばかりに、そこかしこから人々が広場に集まってくる。

イベントの公式ホームページを見ると、「にゅ〜盆踊り」を作ったのはダンスカンパニー「コンドルズ」を主宰するダンサー・振付家の近藤良平さんという方。このイベント自体は、文字通り近藤さんが〝音頭〟をとって２００８年から続いているらしい。新しいけれど、既に池袋の夏の定番イベントとなりつつありようだ。ダンサーの人がつくった盆踊り、果たしてどのようなものだろうか。期待が高まる。

合いの手は「あひ〜」「あふ〜」「しゃー!」

一般的な盆踊りイベントだと、あらためて踊り方を教えてくれることは稀なのだが、にゅ〜盆踊りはオリジナルの盆踊りということもあり、初めての人に向けてイチからレクチャーしてくれる。僕が来る前にも一回講習があったようだが、仕切り直しということで、もう一度レクチャーがはじまる。が、この振り付けがぶっ飛んでいる。

まず掛け声が「あひ〜」だ「あふ〜」だ「しゃー!」と、ともかくケモノチック。動きもそれに乗じて、ダイナミック。マグロの一本釣りのような仕草、蟷螂拳(とうろうけん)のように両手を鎌状にして左右に揺れる仕草、これまた両手をグワシと掴む様な形で前に突き出して咆哮する仕草、かと思えば腰と指をくねらせるセクシーなポーズもありで、ともかくアグレッシブで楽しい。求められるのは細やかな所作の美しさではなく、とにかく楽しさ重視の大胆ダンス。まさに肉食系盆踊りだ。

また特徴的なのが、踊りの輪が二重になっていて、常にパートナーが存在するというところ。なので基本的にはペアの人と向き合って踊ることになる。これが人見知りの自分にはちょっと、いやだいぶ気恥ずかしかったりする。ただ向き合っているだけでなくて、踊りながらクロスをしたり、ハイタッチをしたりと絡みもある。もちろんセクシーダンスも向き合ってやるのだから、端から見れば求愛ダンスな感じ。なんつー羞恥プレイ! たまに盆踊りで隣同士で手をつなぐやつがあるけど、あれ苦手なんだよー、と不

撮影　涌井直志

安がつのる。ちなみに踊りが一巡すると列がずれて、ペアが交替する。これをずっと繰り返していくのだ。

阿呆ダンスが〝もうどうにもとまらない〟！

　講習が終わり、いよいよ本番。いまだかとうさんと宮川さんが来ない様子なので、当然まったく知らない人たちとペアになって踊る。ただでさえ向き合って踊るのに、さらに踊りの振り付けがユニークなので、思いっきり照れてしまう。が、こうなったら弾けるしかない！と腹を決めて「あふー！」「しゃー！」と踊る。で、これが続けているとだんだん恥ずかしさがなくなって、不思議と楽しくなってくるのだ。くそ、これ完全に主催者の罠にハマってないか!?

　参加者の中には老いも若きも男も女も、そして外国人の方もいたりする。池袋という大都市が会場のせいか、やっぱりいろいろな人が飛び込んでくるようだ。が、おかまいなしに向き合って「しゃー！」。わはは、これは楽しいぞ。と、興に乗ってくる。うーん、楽しいな。

　イベントではにゅ〜盆踊り以外の曲もかかる。例えば美空ひばりの『お祭りマンボ』。お祭りマンボで踊るのははじめてだが、心揺さぶるマンボのリズムと、高速テンポが盆

踊りにピッタリで気分が上がる。

しかし、一番盛り上がったのは山本リンダだ。辺りが暗くなって来た頃に、突如、正面のステージにセクシー美女たちが殺到。なにごとか？　と注目すると、会場に流れた曲は『どうにもとまらない』。曲はおなじみだが、振り付けは完全オリジナルのようだ。こちらも、にゅ～盆踊り同様に（いい意味で）やりたい放題。肩を挑発的にくねらせたり、足を蹴り上げて生足をチラ見せたり、歌詞に合わせて蝶蝶の様に腕を広げたり閉じたり、挙げ句の果てに大股おっぴろげの振り付けもあって、会場からは「おお～」と感嘆の声が。め、めちゃくちゃカッコいい！　カッコよすぎる！　もはや一般的な「盆踊り」を超越した動きであるが、そんなの関係ない！　ってくらいにすごい。

と、興奮しながら見物していたら、これをみんなで踊るのだという。え、これを踊るのかい!?　ということで美女たちはやぐらに移動。問答無用で山本リンダ、スタートである。はっきり言って、踊りはにゅ～盆踊りよりも断然に難しい。うぎゃーと心の中で叫びながらなんとかついていくが、やはりこれも踊っているとちょっとずつ楽しくなってくる。周りを見渡すと、男も女も大股おっぴろげて楽しそうに踊っている。マジか。曲が間奏部分に入るとダンサーさんたちの独壇場。シロウトでは到底真似できないようなスーパーダンスを繰り広げて場を盛り上げる！　拍手喝采。そしてまた歌がはじまると全員で踊り出すのだ。うわ～、これは盛り上がる！

そして再び、にゅ～盆踊り。もうこの時点だと何の恥じらいもなく踊れる。「あひ

撮影　涌井直志

〜！」「あふ〜！」を連呼しながらダンス。次々と踊りのパートナーが変わっていくのも楽しい。気づくと輪は二重、三重、四重にもなって広場いっぱいに広がっている。自分のように浴衣を着ている人はむしろ少なく、普段着の、いかにも通りがかりで飛び入り参加したという感じの方々ばかり。一般の人たちを踊りに巻き込むにゅ〜盆踊りの力、すごいなあと思う。

「盆踊り」と聞けば、みんなが踊り出す

祭り終了。結局、宮川さんは別用があるということで先に帰ってしまっていたようで、合流したかとうさんと公園近くの「やるき茶屋」で打ち上げ。スイカバーサワーなどワケのわからない酒を飲みながら「にゅ〜盆踊り、動きがすごい」「どうにもとまらない、カッコいい。また踊りたい」と、興奮を共有。ひとしきり感想を述べ合った後に解散した。

帰りの電車の中、まだ「あひ〜！」と「あふ〜！」がぐわんぐわんと鳴り響く頭で、先ほどの盆踊りを振り返っていた。冷静に考えると、池袋西口公園の広場を埋め尽くすほどの多くの人が、奇声を上げながら一緒に踊っている光景ってすごくないだろうか。しかも会場にいる人たちは、いかにも盆踊り好きって感じではない。普通の人たちがちょっとハメを外して、純粋に楽しみからダンスに興じる光景を実現させている。あら

ためて「盆踊り」というカルチャーのすごさ、もっと言っちゃえば「異様」さに驚く。

にゅ〜盆踊りは、そんな日本独自の踊り文化に現代的なダンスの要素を取り入れたミクスチャーという感じ。池袋の地に新たに芽生えたこのおニューなダンスカルチャーは、これからも地域に根付いて人々を阿呆で愉快な踊りの世界に誘ってゆくのだろう。

［にゅ〜盆踊り］
場所　東京都豊島区
日程　毎年7月、8月予定（2015年は7月12日17時〜開催）
主催　あうるすぽっと（公益財団法人としま未来文化財団）／豊島区
㊐　tel 03-5391-0751（あうるすぽっと）

秘境に伝わる古の盆踊り
十津川の大踊り
（奈良・十津川村）

たどり着くには車が必須！

とある盆踊りの動画を見ながら焦っていた。まったく踊りが分からない!!

奈良県吉野郡にある十津川村の盆踊りのことである。これからその十津川村に行って踊ることになっているのだが、何度動画を見ても踊りが複雑で分からんのである。

十津川村の盆踊りのことを教えてくれたのは、タバブックスの宮川さん。その宮川さんの知人が毎年夏に十津川村に泊まりがけで滞在し、盆踊り大会の運営に関わっているというのだ。「なんか、オモシロそうじゃない?」と宮川さんは言う。たしかに、泊まりがけというのが気になる。しかし、場所は奈良県の山中。車などの足がないと、物理的に到達は厳しそうである。っていうか、絶対無理だ。

そんなこんなで一年が経ち、2014年夏の盆踊りスケジュールを練っている頃に、宮川さんから「あの盆踊り、行く?」と思い出したかのように連絡がきた。やはり現地に行くには車が必要らしいのだが、僕は免許を持っていない。「私がレンタカー借りて運転しますよ」と宮川さんの提案。ああ、ありがたや。せっかくの機会とのことで、『野宿野郎』のかとうさん、かとうさんと僕の共通の知人である映画監督の藤川佳三さん(もちろん盆踊り好き)、そして宮川さんのご友人一名を巻き込んで、大所帯で十津川村に向かうことになったのだ。

扇をつかった優雅でハードな盆踊り

宮川さんに十津川村を紹介してくれた人物というのが大阪の「カロ ブックショップアンドカフェ」というお店を営んでいる石川あき子さんという女性である。10年以上前から毎年夏に十津川村に行って、祭りのお手伝いをしているそうだ。案内人の石川さんから事前に踊りの動画を共有いただいていた。自分たちで撮影したらしい。「こんな踊りですよ」という紹介なのだろうが、ちょっとぐらい踊りの練習をしておいたほうが良いような気もするので、動画を見てみる。が、開始3秒くらいで心がくじける。

まずもって、他の盆踊りと違うのが両手に扇を持っていることだ。その扇をふわりふわりと操りながら、足下でも優雅にステップを踏む。手の動き、足の動きをおぼえるだけでも難しいのに、加えて扇もただ持っているだけでなくて、いろいろと動かさなければいけない。が、その三位が一体となると、とても風流な踊りが完成する。動画に見とれつつも、それを頭の中で再構築しようとするとチンプンカンプンになってしまう。わ、わからん……。ともかく、通常の盆踊りと勝手が全然違うのである。まあ、現地で教えてもらえばいいやと、これまた3秒くらいで早々に諦めて、当日を待つことにした。

一歩間違えれば谷底にまっしぐら

十津川村には電車と車を乗り継いで行く。まず近鉄線の橿原神宮前駅に全員で集合。駅前でレンタカーを1台を借り、2台に分乗して十津川村へと向かう（内、1台は藤川さんのマイカー）。国道はスイスイと走るが、次第に道が山ぶかくなってくると、細道

&急カーブの波状攻撃が襲ってくる。山道で焦りは禁物だが、夜道はさらに危ないので、できるだけ明るいうちに到着したい。

ぐいぐいと山道を進んでいくと、いよいよ辺りの木々は鬱蒼と繁りだし、緑が車を飲み込もうとする勢いだ。石川さんからメールで送ってもらっていた手書きの地図を頼りに目的地を目指す。クライマックスは、ガードレールのない道幅わずかの急斜面。落ちたら確実にアウト……。これにはさすがに肝を冷やした。ハンドルを握る藤川さんが急に錯乱しないことを祈りながら、道の先をじっと見据える。しばらくすると森を抜け、パッと視界が開けた。なだらかな山の斜面と点在する家々。十津川村の武蔵に着いたのだ。片道3時間の道程である。既にあたりは日が落ちはじめていた。

まず到着してから石川さんに挨拶をする。小柄で優しい雰囲気をまとっている華奢な女性だ。「どうもどうも」と挨拶した後に、建物を案内してもらう。合宿所となっているのは、村の公民館を利用した平屋の建物。石川さん以外にも大学生を中心に様々な人が祭り運営のボランティアで県外から村にやってきて、この場所で寝泊まりしているそうだ。学生はゼミのプログラムの一環として来ているらしい。エラい。方や僕らは完全に遊び気分である。

建物の中に足を踏み入れると、「うわ、すごい!」。和室の広間には先客の荷物が足の踏み場もないほど散乱している。この「合宿感」がたまらない。今夜の寝床はこの家である。

贅沢過ぎる温泉の歓待にご満悦

荷物を置くと、さっそく石川さんから「お風呂に行きましょう」と提案があった。目指すは村の銭湯だが、なんとまたあの急斜面の細道を下って行かねばならぬのだという。さあて車に乗り込もうとしたら、石川さんが「席、空いてますか?」という。移動の足がない子たちを相乗りさせて欲しいというのだ。この場所では車は貴重な移動手段、いわば資産となるので、どこへ行くにも相乗りが基本である。

下り坂もまた怖いが、運転手の藤川さんは「慣れてきた」と言いながら、ぐいぐいと果敢にハンドルを切っていく。同乗者が増えたので、僕は後部の荷台に放り込まれる。ガタガタと揺れる車内はまるでジェットコースターのようだが、これもまた楽しい(と、自分に言い聞かせる)。

数分で目当ての銭湯に着くも、なんと混雑しすぎていて入れないと受付で言われる。大変な人気だ。あわてて近くの別の銭湯に移動して、なんとかお湯にありつくことができた。脱衣所で服を脱いでさっそく風呂場に行くと、敷地は広くないが、なんと温泉が引いてある。露天風呂もあったので、ありがたやありがたやとお湯につかる。温泉の効能に関して詳しくはないが、このお湯は濃い。身体に様々な成分がぎゅ～っとしみ込んでくるようだ。実に気持ちいい。隣で湯につかる藤川さんも「これは、いいねえ」と満足げ。過酷な運転の疲れをぜひ癒して欲しいものだ。到着早々の温泉による歓待で既に身も心も充実。帰りは近場の商店に行って、お酒やらアイスやらを買い込む。

意気揚々と村に戻り、夕食をいただく。食卓に座れる人数は限られているので、食べられる人からどんどん食べていくシステム。食事が終わったら貼り紙に名前を書いて、誰が食べてないかを把握できるようになっている。この感じ、部活の合宿を思い出して楽しい。参加メンバーに学生らしき若者が多いのも、合宿感をあおる。

ご近所の盆踊り大会に参加

「今夜は小原の大踊りを見に行きましょう」と石川さん。十津川村は広大だ。なんと東京23区の面積より大きいらしい。村の中でもさらにいくつかの地区に分かれ、それぞれの場所で盆踊りを開催しているのだという。「十津川村の盆踊り」と一口に言っても、各地域で微妙に踊りが違うのだとか。なんか、カッコいい！　僕らが今回お手伝いするのは「武蔵の大踊り」。明日夜の開催で、小原の大踊りは開催日が一日早い。いち早く大踊りを体験しようということで、小原に向かうことになった。

十津川では隣の地区への移動もやはり車を使うことになる。藤川さんの車に再び乗り込み、小原へと向かう。会場は村の学校だ。駐車場に車を停めて車外に出ると、パラパラと小雨。マジかよ。残念ながら雨模様だ。校庭にはやぐらがセッティングされていて、それを囲うようにベンチが設置されている。ベンチのある盆踊り会場は初めて見た。これなら疲れたらすぐに腰をかけて休むことができる。「盆踊り業界のイノベーションである！」と一人興奮する自分。

それにしても、しとしと雨がやまないので、学校の軒先に退避。しばらくすると「体育館でやる」とアナウンスが流れた。体育館のある校舎の二階へと階段を上がる。入り口で靴を脱いで足を踏み入れると……、紛うことなき学校の体育館である。猛烈な懐かしさが襲いかかる。

既に雨から逃げてきた大人たちが壁沿いに立って談笑している。自分のように外から来た者はわずかで、ほとんどが地元の人たちだろう。子どもたちが、広い空間にテンションが上がったのか、体育館の中を縦横無尽に走り回っている。そんななか、黙々と中央で太鼓やマイクなどお囃子の準備を進めるおじいちゃんたち。なぜか僕の頭の中に「ジャズ」という言葉が去来した。これからジャズのセッションが始まるのではないかというほどのダンディズム、ハードボイルドなたたずまい、そして緊張感。そんなものをおじいちゃんたちから感じてしまったのである。

難しくて思わず笑ってしまう

しばらくすると、会場がざわつきはじめた。踊りがはじまるようだ。自然におじいちゃんたちを中心に輪ができる。浴衣を着ている人もいれば、普段着の人も多い。男女比としては、女性の方がやや多い。若い人や子どももいる。先述の通り、十津川村の盆踊りの特徴は両手に扇を持っていることである。参加者は、おのおの自前の扇を用意している。自分も先ほど合宿所で借りてきた扇を懐から取り出す。しかし、使い方は一切分からない。

さっそく盆踊りがはじまる。かとうさん、僕、藤川さん、宮川さんも輪の中に入れていただき、見よう見まねで踊ってみる。基本的にお囃子の楽器は太鼓のみだ。一本調子のシンプルなビートに、情緒あふれる歌が乗る。時折、合いの手も入る。踊ってみると、予想通りの難しさだ。扇を動かすというアクションが、これまで体験した盆踊りになかったため、要領をつかむのが大変だ。扇はヒラヒラと蝶蝶のように舞う。その動きを目で捉えて、自分の身体で再現するのが至難の業。わからなすぎて、変な笑いが出てくる。

やはり地元の人たちの踊りは優雅だ。こんなに美しい盆踊りを見たことがない、とその姿を見て嘆息する。歌もエモーショナルで、胸にしみ込む。どちらかというと盆踊りの歌は気分を上げるようなハレの気配をまとっている。十津川の歌はハレともケとも言えない、悲しさと麗しさに満ちている。子守唄として聞きたくなるような、優しさも秘

めているようだ。ずっと昔からこの土地に伝わってきた……そんなストーリを喚起させる歌と踊り。

歌によっては輪を二重にして踊るタイプもあった。これが面白くて、外の輪と内の輪の踊り手でペアになって、それぞれ向かい合いながら踊るのである。歌の途中で交差して輪の外と内が逆転する場面もあり、なかなかアクロバティック。すれ違う瞬間に両手の扇を「カチン！」と打ち鳴らす振り付けが楽しい。

そう。扇はただ舞わせるだけでなく、打ち鳴らす道具としても使う。言葉で説明するのが難しいのだが、手に持ってる扇を人差し指を支柱に裏表をくるんと回転させて、柄の部分をぶつけて「カチン！」と鳴らす。この動作が頻繁に登場するのだ。かとうさんはこの仕組みがなかなか頭で理解できないらしく「あれ〜、あれ〜？」と終始頭をひねっていた。ともかく、こういう振り付けも他の盆踊りにはなく、なかなか楽しいものだ。

踊りの合間に休憩が入る。休んでいる音頭取りの人たちに話を聞いてみる。気になるのは、スタートからかかっている曲が全部異なるもので、しかもやはら曲の数が多く感じることだ。真相を聞いてみると、実際にこの小原地区だけでも盆踊りの曲が20種類以上も存在しているらしい。歌う時に見ている歌詞集を見せてもらう。たしかに、やたらたくさんの曲が掲載されている。曲の多さもさることながら、それぞれに違う振り付けがあって、それを完璧に踊りこなす地元に人たちに驚かされる。

「昔は、みんな徹夜で踊ってたんだよ〜」と、おじいちゃんが語る。それだけ踊っていれば、

確かに自然と振り付けが身体にしみ込むだろう。奈良の山奥にこんな壮大なダンスカルチャーが存在したとは……。いやはや、恐れ入ります。

異様な熱気に包まれる大踊りのクライマックス

十数曲踊った後、最後に「大踊り」が披露されることとなった。国の重要無形民俗文化財にも指定されているという大踊り。どういうものかと観察していると、体育館の中央にバチと太鼓を持った男たちが整列しだした。その後ろには扇を持った女性たちが同じように整列する。複数人で組みになって踊る形式らしい。会場に不思議な緊張感が流れる。部外者が踊りに参加できるか微妙な雰囲気だったので、少し後ろの方に立って様子をうかがうことにした。

最初はゆったりとした太鼓の拍子に合わせて前後左右に足を踏み込む踊り。中盤になると、扇を持った女性たちによって輪が形成され、輪踊りがはじまる。輪の中心では太鼓の打ち手と持ち手がペアとなり、勇壮に太鼓を打ち鳴らす。段々と会場は熱気を帯びて行くのが分かる。扇の舞いも動きが大振りとなり、「エイサ！」「ホイ！　ホイ！」と歌にも力が入る。な、なんだこの熱いバイブスは！　終盤に近づくにつれ、踊りは速度を増していき、熱狂は頂点を迎える。そして大団円。わーっとわき上がる拍手。いや〜、

大踊りめちゃくちゃ熱いぞ。

結局、最後まで外の雨はやまなかったが、興奮の一夜だった。再び車に乗り込み、公民館に戻る。ビールで乾杯をして、しばらく雑談した後、就寝。先ほどまで皆が食卓を囲んでいた6畳ほどの和室に5人の遠征チーム（ｆｒｏｍ　東京）が寝床をつくってぎゅうぎゅうで枕を並べる。なんだろう、この青春感は。

明日からはいよいよ武蔵の盆踊りのお手伝いである。そして夜にはお祭り本番。晴れますように、と祈りながら眠りについた。

さながら部活の合宿状態

目を覚ますと、眼前に広がるのは6畳ほどの小さな部屋にいい年した大人たちがすし詰め状態で寝ている光景。あらためてすごい光景だった。

建物から出ると、薄い霧の向こうに山の峰、そして目の前には田畑が広がる。空気はめちゃくちゃおいしい。なんという澄み切った空気だ。なんだが桃源郷に来たかのような錯覚を覚える。

僕らが昨夜寝泊まりさせていただいた武蔵の公民館には、自分たち以外にも村外からやって来た様々な人が宿泊している。しかもほとんどが大学生で、さながら部活やサークルの合宿所の様相だ。なぜ武蔵の盆踊りに学生が参加するようになったのか。後から石川さんに経緯を聞いた。30年ほど前に大学の調査チームが武蔵を拠点に十津川盆踊りを調べるようになった。そのうち村の人から踊りに誘われるようになり、今のように学生たちが祭りの準備から踊りに参加する「盆踊り合宿」がはじまったそうだ。学生以外にもOG・OBや、僕らのように人づてに誘われた社会人も存在する。

みんな起床すると、先ほど我々が寝ていた部屋が再び食卓へと変身する。席は限られているので、各々が順番に朝食を済ませていく。食べ終わったら、速やかに茶碗を台所に持っていって自分で洗う。DIY(ドゥー・イット・ユアセルフ)である。

今年は参加者が多かったようで、2日目の今日は特別に公民館の隣にある2階建ての「武蔵集会所」という建物を宿泊場所として開放してもらえることになった。東京遠征組にもスペースもあてがっていただく。さっそく荷物を持って建物の2階に移動すると、目の前に広がるのは宴会場のような大きな広間! 昨夜のように、一つ屋根の下の家族のように枕を並べるのもいいが、こんな広いスペースでゴロゴロできるのもまた快適である。

盆踊り会場の設営スタート

今日は朝から盆踊りの設営作業だ。僕らがいる武蔵では今夜、盆踊り大会が開催される。しばらくすると、石川さんがやって来て「そろそろ、行きましょうか」と声がかかった。

盆踊りの会場は公民館近くの小学校の広場だ。学校といっても数十年前に廃校となっており、いまは資料館として利用されている。広場に着くと、既にやぐらの骨組みが建っていた。ここに色々な装飾をしていくようだ。昨夜の雨で地面には大きな水たまりができている。今夜も雨の予報があるらしく、急きょ広場に建っているお堂を盆踊りの会場として利用することになった。このお堂は大昔、本物のお寺だったのだが、廃仏毀釈の影響で廃寺となってしまったらしい。

まずはお堂の整理。以前は保育園としても利用されていたというこの場所、現在は物置のような感じになっている。ホコリをかぶっている木材やら机やら様々な物体を外に運び出す。季節は真夏。ちょっと動いただけで、かなり汗をかく。荷物を運び出したら、床を掃除しつつ、壁の戸や窓を取り外す。長い時間、暗くてこもっていた空間が開放され、お堂に新鮮な空気が吹き込む。

どこかから運び込まれたブリキ製の大きなケース。空けると、提灯がぎっしりと折り畳まれて詰まっている。武蔵の商店や企業などのスポンサー名が書かれていて、昨夜買い物をした和田商店の名前も見つけた。設営の指揮をとっている村の方の指示に従って、提灯をお堂の中につり下げていく。提灯の並べ方にもルールがあるようで、面白い。

えっちらおっちら作業していると、あっという間にお昼。設営の間に、他の合宿メンバーが昼食の準備をしてくれていたようだ。メニューはスパイスの利いたカレー。おいしいので、あっという間に平らげてしまう。後で石川さんに伺ったところ、10年くらい前まで武蔵の盆踊りに参加していたインド音楽家のＨＩＲＯＳさんという方のレシピを受け継いだカレーだそうで、石川さんのお店でも提供しているのだとか。

歴史ある校舎の中を見学

お昼休憩の間に、廃校の中を見物させていただけることになった。現在、校舎は「教育資料館」という名前で一年のなかで期間限定で公開されているそうだ。正面玄関から入ってすぐの場所に教室がある。机、黒板、壁に貼られた日本地図、チャイムの鐘もそのまま残っている。椅子に座るとやっぱりサイズは小さい。ぐるりと教室を見渡すと、「当時の子どもだちもこの風景を見ながら勉強していたんだなぁ……」と当時を追体験しているような気持ちになる。

廊下を挟んだ大教室の反対側には職員室のような小部屋、さらに奥には教室というにはやや広過ぎる空間が広がっていた。部屋には長テーブルがいくつも並んでいて、実際

に使用していた教材、教科書など、歴史的ともいえるような資料がずらーっと並んでいる。昭和60年代生まれの僕にはどれもが珍しく興味深いもので、夢中で観察してしまう。音楽の授業で使ったのだろうか、古いレコードプレーヤーもたくさん飾られていて、音楽好きの自分にはたまらない光景だ。

ついにやぐら完成

見学後は引き続きの作業。天気は思ったより快調で、外のやぐらを使える可能性も出てきたので、広場にできた大きな水たまりの水抜き作業がはじまる。男ども数人でスコップで通り道をつくって水を外に逃がそうとするも、なかなかうまくいかない。それを見かねた村の人が加勢する。「この場所は水はけがいいんだ」といって、細長い鉄の支柱を地面に勢い良く突き刺す。支柱を抜くと、ぽっかり空いた穴にみるみる辺りの水が吸い込まれていく。まるで魔法のような光景。何ヶ所か穴を空けると、あっという間に水たまりはなくなってしまった。

その後も、手際良く作業は進んでいく。まず、やぐらのまわりに赤、青、ツートンカラーの布を巻いておめかし完了。骨組みだけだった殺風景なやぐらも、もっともらしくなってきた。続いて四方に電線を張って、提灯を一定間隔でつり下げていく。やぐらを

中心に赤い提灯が広がっていく様は、まさに「盆踊り」といった感じである。最後にやぐらの中央に大きな立方体の灯籠を掲げる。これで踊り会場の完成である。

設営作業が終わったので、いったん合宿所に戻る。いよいよ、これから盆踊り本番だ。学生さんたちも浴衣を持って来ているようで、めいめいが着替えをはじめる。もちろん、僕も自前の浴衣を用意している。浴衣は村で貸し出しもしていて、いちおう見させてもらうと、白地に〝吉原つなぎ〟という、鎖が繋がっているような模様があしらわれた立派なもの。うっ、これは魅かれる……。浴衣を持ってきていなかったら絶対借りていただろう。

涙が出そうになる盆踊り

昨日の小原の盆踊りでもつかった扇を持って、踊りの会場へと向かう。辺りはすっかり闇。広場に入ると、つらなる提灯の明かりがあたたかな光の空間をつくっていた。暗すぎず、明るすぎず。小原では残念ながら雨のため室内での踊りだったので、外でやぐらの回りを踊れるのは嬉しい。会場には村の人らしき方々も続々とやってくる。みなさん浴衣を着て、とても華やか。特に持っている扇がみんな派手派手で思わず目が釘付けになる。先ほどまで一緒に汗まみれで作業をしていた学生たちも浴衣でおめかしをし

て、見違えるようにカッコいい。

武蔵でも小原と同様、まずは盆踊りを十数曲踊った後に、最後は大踊りで締めるという構成だった。同じ十津川村と言えど、地区によって歌や振り付けが違うと聞いているので、とても楽しみだ。

やぐらの上の音頭取りたちが唄い出す。さっそく武蔵の盆踊りがスタート。昨日の経験を生かそうと鼻息あらく手足を動かしてみるが、やはり難しい……！　あわてて、輪の中の踊りの上手そうな（というか、自分たち以外、みんなうまいのだが）マダムの後ろについて、見よう見まねモードへと早々に突入する。

あらためて、十津川の盆踊りは優雅だ。着飾った男女が扇を空中に舞わせる光景は、本当に美しい。薄明かりの下で鳴り響くのは、太鼓、歌、土を踏みしめる音、合いの手。ただそれだけの音だからこそ、胸にすっと染み渡る。ずっとずっと、遥か昔からこの地に伝わってきた踊り。時間と空間の大いなる連続性のなかに自分もいる、そんな感じ、なんだか涙が出そうな気分になる。

さて、しばらく踊っていると気がつくのだが、やはり昨日の小原の踊りと違う。そもそも「あ、この曲、昨日も踊ったな」というのがほとんどないのだ。歌の雰囲気や調子は似ているし、扇を使って踊るという意味でも、同じ系統であることは間違いないのだが、ここまで違うとは。十津川はどうかわからないが、昔の盆踊りは村同士で対抗意識があって競い合っていたようだ。「うちの踊りの方がカッコいいぜー！」といったとこ

ろだろうか。

休憩時間に踊りのうまいマダムに話を聞くと、やはり地元の方のようで、子どもの頃から誰に教わるでもなく参加しながら踊りを覚えていったらしい。こういう話を聞くとやはり、地元に代々受け継がれる盆踊りがある人を羨ましく思ってしまう。これは、地元に伝統らしき伝統がない人間ならではの性だろうか。

いよいよ最後の大踊りがはじまるというタイミングで空からパラパラと小雨が降ってきたが、準備は着々と進んでいく。昨夜の小原のように太鼓を持った男たちと、たすきをかけた女たちがやぐらのまわりに集まる。切子灯籠という華やかな飾りをつり下げた笹を手にした人も何人かいる。太鼓のバチも色とりどりの紙で装飾され、全体的にとても華やかだ。

まずはゆったりとしたテンポで歌がはじまる。踊りも足をゆっくりとステップする穏やかなもの。徐々に曲がスピードアップしていくと、踊り子も扇子を空中で大きく回す派手な動きとなっていく。もちろん、僕らも端の方で邪魔にならないように踊りに参加させていただく。当然のように踊りは難しいが、しかし楽しい。お囃子のにぎやかさが頂点に達したところで、踊りは佳境に入っていく。音頭取りが「ソーリャ、ソーリャ」といったようなシンプルな掛け声のみとなり、勇壮さ、力強さが増してくる。終盤に近づくほどにお囃子も踊りも単調になり、高揚感と躍動感が生まれる。最後、怒号のような「イヤッサ！　イヤッサ！」の一声で大踊りは終了。結局の雨模様にも関わらず、テ

ンションアゲアゲのままだ。

ラストダンスはお堂の中で

踊りの後は、お堂に集まって関係者全員でお疲れさまの乾杯。机を囲みながら、一緒に踊った仲間たちと会話を楽しむ。いや〜、実にいい気分である。しばらく学生さんや地元の人たちにいろいろと話を聞いていると、余興的に再び踊りがはじまった。お堂の中の即席の盆踊り会場。椅子に座った音頭取りの女性を囲んで、再びみんなで盆踊りタイム。

小さな明かり、狭い空間、人の声と太鼓の音だけのミニマムな音楽環境。この限定された環境が異様な盛り上がりを生み出す。テンションが上がって、思わず自分も音頭取りに合わせて合いの手をシンガロングしてしまう。なんていうか、盆通りの原点を見るような光景。「おいおい、外で踊ってる時よりもみんな声出てるぞ!」と地元の人も苦笑い。うわ〜、盆踊りめちゃくちゃ楽しい!　楽し過ぎる!

片づけは翌朝に回して、取りあえず撤収。寝床に戻ってもみんな興奮冷めやらず、寝袋や布団に入りながら缶ビール片手に夜更けまで会話が続く。こうして、十津川村の最後の夜は終わったのだった……。

朝、ごはんを食べて盆踊り会場のお片づけタイム。一見、堅牢に見えるやぐらも、野郎どもの手であっという間に解体され、倉庫へと運ばれていく。また来年までサヨウナラだ。あの大踊りがあった場所が、またガランとした広場へと変わる。喧噪のあったお堂が静寂を取り戻す。祭りの後は、いつも寂しいものだ。

荷物をまとめ、それぞれの車に乗り込んで次々と人が十津川村を去っていく。僕らもまわりの人たちに別れのあいさつをして、その場を後にした。さらば、さらば、またいつか。十津川村へとつづく細い森の道は、まるで異界へのワープ空間のようだ。すべてが終わった後に、そんな思いが去来する。山奥の場所でひっそりと伝承されてきた古の踊り。これからもずっと続いて欲しいと思う。そして、また踊りたい。この伝統を残していこうと、様々に活動している人たちに敬意を表したい。

ところで、実は私とかとうさん藤川さんは、この足でそのまま岐阜に向う予定になっているのだ。岐阜県のとある盆踊りに参加するためだ。夜通し徹夜で踊られる盆踊り界のキング！　この続きはまた次の回で……。

[小原の盆踊りと大踊り]
場所　十津川村大字小原
日程　8 月 13 日　20 時～ 24 時頃
組織　小原踊り保存会

[武蔵の盆踊りと大踊り]
場所　十津川村大字武蔵
日程　8 月 14 日　20 時～ 1 時頃
組織　武蔵青年会、婦人会、武蔵踊保存会

[西川の盆踊りと大踊り]
場所　十津川村大字重里
日程　8 月 15 日　19 時 30 分～ 24 時頃
組織　西川大踊り保存会、青年会、婦人会、老人会

㊐　tel 0746-62-0003（十津川村教育委員会事務局教育課）

私が十津川盆踊りを好きなわけ

石川あき子

やっぱり今年も行きたいな、を繰り返しているうちに、私の夏の恒例行事になった十津川盆踊り。初めて参加させてもらったのは社会人になって間もない1997年のこと。学生時代から通っていた友人に誘われ、当時は大阪から6時間ほどかけて奈良県の南の端、十津川村の武蔵という集落へ向かいました。

どこまでも折り重なる山の深さと、そんな場所で風流踊りに端を発するといわれる優雅な踊りが連綿と踊り続けられている驚き。盆踊りのために村の外から来ているひと癖ある人たちとの共同生活。おばあさんたちに教えてもらった踊りは難しすぎてぜんぜん踊れなかったけど、山の中の清々しい環境とあいまって強烈な気持ちよさを感じたのでした。そのときは、それから15年以上も通い続けてしまうとは思ってもみなかったのですが……。

●そもそものきっかけ

十津川村武蔵の盆踊りに村の外の人たちが集まってくるようになったのは、1981年から3年間、大阪大学が中心になって十津川盆踊りの調査をおこなったのがきっかけです。その際の拠点として調査チームが滞在したのが武蔵でした。調査を始めて2年目のこと、ビデオ撮影をしていたら、地元の人たちに「そんなつまらんことしてないで一緒に踊ったらいいのに」と声を掛けられて、「そりゃそうだ」と教員や学生も踊りにも参加するようになったそう。

調査のオリジナルメンバーからただ一人、今も学生を連れて盆踊りを記録し合宿の面倒も見ているサウンドスケープの研究者・中川眞（なかがわしん）さん（現在は大阪市立大学大学院文学研究科教授）は、調査に参加してから30年以上、村の中の人にも村の外から行く人にも細やかな心配りで、このゆるやかな集まりを支えています。

毎年30人前後が集まり、準備・片付けを手伝い、一緒に踊ります。この活動は、過疎化・高齢化が進む中、武蔵の盆踊りにはなくてはならないものになっています。

この集まり、ひとまず「踊り研究会」と呼ぶことにします。

●なんといっても踊りがすごい！

小野さんのレポートにもあるように、十津川盆踊りの最大の魅力はその異常に複雑な独特の踊りで、大踊りは国の重要無形文化財にもなっています。十津川は吉野から熊野を結ぶルート上にあり古くから都との行き来があったところ。実際に十津川を訪れてこの優雅な踊りを目の当たりにすると、都から伝わってきた踊りが山の深さゆえにこれまで踊り続けられてきたのだろうなあと納得できると思います。

今は小学校の校庭など屋外での開催が多いですが、以前はお寺のお堂など室内で踊っていたとのこと。武蔵では今でも雨天はお堂で踊るのですが、これが圧巻。大勢が床を踏み鳴らす音はまさに〝ビート〟、非常に盛り上がります。昔の念仏踊りはきっとこんなものだったのだろうなと想像がふくらみます。

曲は、古くからの形を残していると思われる「口説き」や「大踊り」以外にも、昭和の初めあたりの流行歌や民謡にアレンジを加えたものがたくさんあり、素朴な歌詞（ピュアな恋心あり、シモネタあり）がかわいらしくてきゅんとしてしまいます。戦前まではその時々の流行歌で新しい踊りを作り出していたのだと思いますが、第二次世界大戦で踊りが中断し戦後に復活してからは保存・伝承へ向かい、過疎化で踊らなくなった集落がある一方、武蔵における踊り研究会のかかわりや、調査で撮影されたビデオを踊りの復活に活用するなど、伝承の方法は変化しています。

●場所がきもちいい！

〝日本で一番長い路線バス〟こと近鉄大和八木駅と和歌山県のＪＲ新宮駅を結ぶ奈良交通の八木新宮線（全線乗ると6時間半！）で、奈良県平野部の南の端にある五條から武蔵に一番近い十津川

初めて行ったときに参加した練習 1997

朝、外でくつろいでいるところ　2009

車で 30 分ほどのところにある玉置神社　2006

村役場のバス停までは約2時間半。この遠さが魅力で〝下界〟から十津川入りするとき、スイッチを切り替えてくれます。

このルート＝国道168号線は、吉野と熊野を結ぶ世界遺産、大峰奥駈道の麓に寄り添う里の道で、天河神社（弁才天）に寄り道したり、玉置神社や熊野本宮大社（〝盆踊りの祖〟一遍が熊野権現のお告げを受けた）に遠出したりと、すばらしい聖地を訪れることができるのも楽しみな地域。

武蔵は湯泉地温泉の旅館街から車で10分ほど急な山道を登ったところにあり、人の手で開かれた山上集落の包み込むようなスケール感が心地よい場所。武蔵へ上がってしまうとお金を使うところも遊ぶところもこれといってないので、家や畑の間の素朴な石畳の小道を散歩したり、冷たい沢で涼んだり、夜には旧小学校の校庭で満天の星空に包まれたり。国道から離れているので人工の音がほとんどなく本当に静か。五感をおもいっきり解放できます。

しかし、この遠さのせいもあって、観光客として盆踊りを見に来る人はまだそれほど多くありません。

●人が面白い！

山での人との出会いも年に一度のお楽しみ。中川さんが長く芸術系大学で教えていたこともあり、踊り研究会に集まる人はアート系が多め。外国人の音楽家が参加したり、最近は留学生も多く、観光や地域活性を研究している人も、と世代も興味の分野もいろいろな人に会えるのも楽しみ。おそらく〝下界〟でははみ出し気味の人たち（笑）が、中川さんの絶妙な采配によりゆるやかな共同生活を送るのですが、これがとっても面白い。

武蔵は一見〝何もない〟場所なので、繰り返し来る人は自分で仕事や遊びを作れるタイプ。一方、武蔵で盆踊りを仕切る男性陣は愉快な人たちで、場所柄ＤＩＹがあたりまえの合宿参加者たち憧れの先輩的存在。そんな人たちとお祭りを準備から片づけまで一緒にするのは、何かと得られることが多いもの。

そんなへんてこチームを毎年受け入れてくれている武蔵の人たちの懐の深さは、古くは南朝や幕末の天誅組を受け入れた吉野の山里の人たちに共通する心意気かもしれません。

盆踊りは地元の人にとっても究極の非日常イベントのひとつですが、私たちはきっと〝まれびと〟としてその中に組み込まれているんだろうなと思うのです。

●災害復興・地方再生と盆踊り

東日本大震災の半年後、２０１１年９月の紀伊半島大水害により十津川村も大きな被害を受けました。土地そのものの魅力と自然災害の危険はいつも表裏一体のものです。幸い武蔵ではほとんど被害はなかったのですが、その後の災害復興と地方再生の流れの中で、武蔵の景色にも変化が現れはじめました。

徳島県祖谷の篪庵《ちいおり》で知られるアレックス・カー氏監修による古民家ゲストハウス「大森の郷」が盆踊り会場のすぐ近くにオープンし、誰でもいつでも武蔵の中に滞在できるようになりました。復興に合わせて高規格道路が急ピッチで整備されているので、数年のうちには十津川までの道のりもさらに短縮されるでしょう。

十津川盆踊りにもこれまで以上の役割が求められるのかもしれません。しかし地域の人たちは急な変化に困惑を感じているようにもみえます。

盆踊りのリピーターになっている人は、何度も通ううちに地域の問題にも気づいているので、こんなとき何かできればと思うのは自然な流れです。中川さんも村との連携プロジェクトを大学で立ち上げています。過疎の進む地域で新しいことをするのは簡単なことではないのですが、踊っているときの多幸感を共有している人たちとなら、きっと盆踊り以外のことも一緒にできるんじゃないか、今はそんな気持ちでいるのです。

参考文献
谷村晃編「十津川の盆踊り」アカデミア・ミュージック　１９９２
中川真著「平安京 音の宇宙」平凡社　１９９２

合宿中はこんなかんじ　2011

大踊り　2009

石川あき子
大阪でブックカフェ Calo Bookshop & Cafe をやっています。書店歴より十津川盆踊り歴のほうが長い。２０１２年秋から大阪でも武蔵の踊りの練習会をしています。難しすぎて本番当日だけではちっとも覚えられなかったものが、少しずつ踊れるようになり楽しさ倍増中。練習にご興味のある方は、Facebook、twitter などでご連絡ください。この夏は武蔵で期間限定カフェ「ヤマノカロ」を盆踊り仲間とやりますよ！
www.calobookshop.com

人の群れが朝まで夜通しダンスしまくる！郡上・白鳥の徹夜おどり

（岐阜・郡上市）

オールナイトで踊る盆踊りが現代に存在した！

盆踊り会場で年配の人と話をすると、「昔は夜通し踊ったもんだ」なんて武勇伝？がよく出てくる。朝まで踊ってたってこと？　ホンマかいな。と思ってたらありました「徹夜踊り」。

場所は岐阜県郡上市。その名も「郡上おどり」という、朝まで踊り明かす盆踊りがあるそうな。人に聞くと、「あれはレイヴパーティーだ」「踊りが十種類もあって大変」「郡上には白鳥おどりという、さらに激しい盆踊りもあるらしい」と様々な噂がどんどん飛び出す。うーん、とにかく凄まじい盆踊りであることは間違いない。

実は郡上おどりに関しては毎年6月に東京の青山でも開催しており、過去に1回だけ参加したことがある。が、振り付けが難しくて結局踊りを覚えることができなかった。悔しい。そして、やっぱり現地だけで体感できる徹夜おどりは参加したい。というわけで、今年の夏は絶対に郡上に行くぞー！　と胸の内に決めていたのだ。

一緒に行くのは毎度おなじみ『野宿野郎』のかとうさんと、映画監督の藤川さん（以下、監督さん）。十津川の盆踊りが終わったあと（「十津川の大踊り」の回を参照）、そのまま監督さんの車で奈良県からびゅーんと北上して一気に岐阜県へ。ちなみに監督さんはメガネと坊主頭が似合う40代半ばの男性だ。かとうさんのつながりで知り合ったのだが、出身大学が一緒なので、たまに僕は「先輩！」と呼んだりもしている。普段お会いする時はお酒を飲んで「わっはっは」と笑っている愉快なおじさんという印象なのだが（失礼）、東日本大震災後の宮城県石巻市のとある避難所を舞台にしたドキュメンタリー映画『石巻市立湊小学校避難所』を撮るなど、映画監督としてはかなりシリアスな側面を持つ。そして僕とかとうさん同様、盆踊りが大好きなのである。

話を郡上おどりに戻すと、郡上おどりと白鳥おどりは7月から9月の会期、ほぼ毎日、

郡上市のどこかで開催されている（白鳥おどりの方が開催日数は少ない）。さらにお盆周辺の数日間は「徹夜おどり」と称して、特別に翌朝まで踊りが続く「徹夜おどり」が開催される。我々が狙うのは、もちろん徹夜踊りである。今回の郡上遠征は「白鳥おどり」「白鳥の拝殿踊り」「郡上おどり」の3つの盆踊りを2日間で駆け巡る計画だ。「拝殿おどり」は白鳥おどりを神社の拝殿で踊るという、昔ながらの盆踊りらしい。

雨に踊れば

昼間に十津川を出発し、途中スーパー銭湯で休憩を取りつつ、大阪〜京都〜滋賀県を横断して、夕方過ぎにいよいよ岐阜県に突入。途中、雲行きが怪しくなり、小雨もちらほら。大丈夫なのか⁉

東海北陸自動車道をひたすら北上。第一の目的地、郡上市白鳥町に着いたのは夜11時のことである。時間かかったな〜。会場近くの駐車場に車を停め、外に出ると雨は止むどころか、さっきよりも勢いを増している。呆然とするも、遠くから盆踊りの賑やかな演奏が聴こえてくる。どうやら、この天気でも祭りは決行しているらしい。意を決して、3人それぞれ車の中で浴衣に着替え出撃する。いくぞ！

暗闇のなかを祭り会場の薄明かりを頼りに歩く。数分歩いただけでずぶ濡れだ。監

督さんはちゃっかりアウトドア用のポンチョを羽織っていて雨でもへっちゃらそうである。うーん、これはつらいなあと心はやや萎え気味になりかけたが、会場に着くとともに目に飛び込んできたその光景に気分は一気にぶち上がった。なんじゃこら！

目の前に広がっていたのは、浴衣を着た人々がものすごい熱気で踊り狂っている光景。しかも、この大雨のなか！　会場は道路を封鎖した往来のど真ん中。お囃子の人を乗せたやぐらを中心に、ぐるぐると回りながら人が踊っている。普通の道路上で、しかもザーザー降りの雨に打たれながら、これだけ多くの人が盆踊りに興じている光景にただただ驚く。こんな盆踊りがあったとは……！　時刻は深夜11時。踊りは夜8時くらいからスタートしているようなのだが、これを朝の4時まで踊り続けるのである。これぞ徹夜おどり！

監督さんとかとうさんは以前も白鳥おどりに参加したことがあるらしく、ひょいと輪の中に入ってスイスイ踊り出す。何度、盆踊りに参加しても、初参加の盆踊りは最初のワンステップを踏み出すのには勇気が要る。しばらくして、ええいままよ、と自分も輪に飛び込んだ。

単に「郡上おどり」「白鳥おどり」といっても、それぞれ踊りの曲は10曲ほどもある。例えるなら「郡上おどり」はアルバムのタイトルで、収録曲が10曲入っているという感じだ。もちろん、曲に合わせて踊り方も違うので覚えるのは大変である。白鳥おどりは郡上おどりよりも曲数が少ないようなのだが、それでも習得するのが大変なことに変わりはない。

「白鳥おどりはかなりテンポが早い」そう話には聞いていたが、なるほど、これはけっこう激しい！　右に行ったり、左に行ったり、手を開いたり閉じたり、糸巻きのようにぐるぐると回したり、とにかくせわしない。うっかりしていると、すぐに前後の人にぶつかる。みんな動きが速すぎる！　足のステップも激しく、人によってはアレンジしてぴょんぴょんと飛び跳ねるように踊っている。お、俺の知ってる盆踊りじゃねぇ！

雨音の中に下駄の高鳴りが響き渡る！

知らない曲が次々とかかるのだが、ひときわ会場が盛り上がったのが『世栄』という曲。両腕左右交互に掲げながら行進していく割とシンプルな踊りなのだが、とにかくテンポが速い。うはは、これは楽しいと踊っていると、会場のどこかから若者の歓声が聞こえてきた。お？　と目をやると、10人ほどの高校生とおぼしきキッズたちがやぐらの付近に小さな輪を勝手につくって踊っている。みんな各々の下駄を脱いで中央に集め、それを中心に裸足で踊っているのである。「ヘイ！　ヘイ！　ヘイ！」と盆踊りらしからぬ合いの手を大きな声で歌いながら心底楽しそうに踊る彼ら／彼女らの姿になんだかジーンと感動してしまう。白鳥おどりの主役は明らかに若者たちだ。

そういえば。会場にいる人たちはみんな木の下駄を履いて踊っている。踊りのステップとともに鳴り響くカラコロという音がなんとも小気味いい。下駄を履いて踊るのが郡上の盆踊りの特徴らしい。対して初体験の僕はゴム底の雪駄。他の盆踊りだったら何も問題ないのだけど、みんな下駄を鳴らして踊っているのを見ていると、なんとも羨ましくなってくる。

無心になって踊っていると、刻々と時間は過ぎていく。止まることのないお囃子。いよいよ災害かというレベルになってきた雨脚。それでも人々は踊ることをやめない。道路脇の商店の庇の下に退避しつつも、少し休憩したらまた踊りを再開。雨に打たれて、もはやヤケクソ状態。いま何時だろう。深夜2時？ もうろうとする意識のなかで、それでも踊り続ける。この会場にいる人たちは、何か踊るという宿命を帯びているのではないかという気すらしてくる。あ〜、なんて最高な空間なんだ！

気づいたら朝4時。最後は白鳥おどりのナンバーワンヒットチューンの『世栄』がかかって、徹夜踊りが終了。辺りは歓声と拍手に包まれる。やぐらの上の人が「それでは、下駄を手にもってください」とアナウンス。よ〜お！ の一本締めで下駄が打ち鳴らされて、白鳥の徹夜おどりは締められた。け、結局朝まで踊ってしまった……。

野宿からの下駄を求めて郡上観光

ヘトヘトになりながら人波をかきわけて監督、かとうさんと合流。「いやあ、楽しかったですねえ」と感想を交わしながらも、次の動きを考えなければいけない。本日の予定としては夜の「白鳥の拝殿踊り」、その後に「郡上おどり」を徹夜で踊って朝を迎えるというスケジュールになっている。たっぷりと時間はある。「まずは睡眠だ」ということで、会場付近でほどよいスペースを探して、野宿をすることにした。幸いにして我々3人、なぜかみんな寝袋を持っている。寝床としたのは、近くのスポーツセンターのような場所。ひとけがないし、場所が広々としているので野宿には快適なスペースだ。徹夜明けの疲労で落ちるように眠りについた。

目覚めたのは正午近く。起きてまず向かったのはコインランドリー。洗濯をしながら、近くの喫茶店に入って3人で朝ごはんを食べる。さて、夜の「白鳥の拝殿踊り」までまだ時間はある。「せっかくだから郡上の街を散策しますか」と提案してくれたのは監督さん。確かに踊るのは基本的に夜なので、昼間の明るいうちに町並みを見てみたい。そして、昨夜の白鳥おどりでみんな下駄を履いていて羨ましかったので、自分も下駄を買いたい！　急ぎの作業があるというかとうさんを喫茶店に残して、私と監督さんは郡上八幡に向かった。

郡上八幡は時に「水の町」とも呼ばれているらしい。街の中心部を分断するのは清流

長良川の支流である吉田川。橋を渡るとき「ここから川に飛び込んで遊ぶんですよ」と監督さんが解説してくれる。が、前夜の雨ですっかり川は増水し、飛び込める感じではない。普段はとてもキレイな清流だそうだ。街中を散策すると、あちこちに水路が巡らされているのが分かる。水の気配を常に感じる街だ。そしてもちろん、踊りの街でもある。ところどころに「郡上まつり」の提灯や看板を見かける。店頭で祭り囃子がかかっている商店もある。ちょっと郡上に住んでみたいな……という誘惑に駆られる。

街のシンボルである郡上八幡城の城下には古い町並みが広がる。石畳の道もあったりして、なんとも風情がある。しばらく歩くと、目的の下駄屋に到着した。専門店ということもありサイズや形、鼻緒の模様、様々な下駄が揃っている。お店の人によると、踊りの下駄はすぐに歯がすり減るらしい。堅い下駄はすり減りづらいが重くて踊りにくい。柔らかい下駄は消耗は早いが軽くて踊りやすいとのこと。さすが郡上、踊ること前提なんだね。まあ、長く使いたいしなぁということで、堅い素材の下駄をチョイスした。監督さんも、近くの着物屋で浴衣の帯を購入。

車で先ほどの喫茶店に舞い戻り、かとうさんと合流。スーパー銭湯で時間をつぶしたら、すっかり時間は夕方に。「拝殿踊り」を目指すべく、郡上八幡から再び白鳥へと急行した。場所は前谷白山神社。前夜の白鳥おどりの会場となった橋本町からさらに北上した場所にある。あっちだこっちだと迷いながらなんとか到着。車の中で浴衣に着替えて、さっそく向かう。

唄と下駄の音だけのストイック盆踊り

「拝殿」という名前の通り、屋根つきの木製の舞台が神社の敷地内に鎮座している。明かりの数は最小限。近づくと暗闇の中にいくつかの人影が見える。さっそく階段を上って拝殿の中に入ると、浴衣を着て準備万端の人々が今や遅しと踊りの開始を待ちわびていた。拝殿の中はそこまで広くない。これ以上人が来たら、かなりの密度になりそうだ。いちおう神社なのでお参りをして、踊りの開始を待つ。

辺りを観察するが、笛や太鼓などお囃子の道具は一切ない。人の唄声と下駄の音だけで踊る、まさに昔ながらの盆踊りの形である。最初の曲は『場所踊り（バショウ踊りとも）』。昨夜体験した白鳥おどりは高速テンポが特徴だったが、これはゆっくりとじっくりと唄いあげる静かな曲だ。手も後ろで組んで、足の運びだけで踊る。祈りのような、儀式のような盆踊り。白鳥の拝殿踊りは必ずこの『場所踊り』からスタートするらしい。

拝殿踊りでかかる曲は、白鳥おどりとほとんど共通である。違いは、楽器による演奏が入らないこと。狭い空間で踊るため、踊りの振りも小さい。下駄の音も静かだ。そして特徴的なのが、特定の音頭取りがいないので、誰でも歌っていいというところ。踊っている人たちが交替で一節ごとに歌い継いでいくのだ。しかも観察していると歌う順番も決まっていないらしく、カラオケのように歌いたい人が勝手に声をぶっ込んでいくスタイル。だから、たまに（次は誰が歌うの？）と変な間が生まれることもあって、面白い。

話を聞くと、どうやら昔は若者たちがこのように盆踊りの場で自分の歌声を競っていたらしい。美しい声、良い声はやはりオーディエンスに受ける。逆に歌がつまってしまったりすると、場がしらける。さらに人気を集めるために、その場の状況や雰囲気に合わせて即興の歌詞を唄うこともあったようだ。うん、これはアレだ。完全にフリースタイルラップバトルだ。昔の人すげー！　完全にラップの元祖だよ、これ！

夜10時。2時間ほど踊って拝殿踊りは終了。が、終了後も踊り足りないのか、アンコールをする人々も。みなさん熱い。が、我々は次の踊りに向かわなければいけない。郡上の徹夜おどりだ。再び監督の車に乗り込み、郡上八幡へと向かう。これからまた朝4時まで踊るのだ。おい、このスケジュール考えたやつ誰だ。

郡上の徹夜踊りで感動？　のフィナーレ

会場の近くに車を停める。さすがに疲労困憊なので、車中でしばしの仮眠をとった後、浴衣でふたたびわっせわっせと出陣。時刻は深夜2時。が、会場となっている通りに出ると、人、人、人の波。ただでさえ人が多い上に、道幅もそんなに広くないので、すし詰めで踊っている感じ。ざっと見ただけでも、昨夜の白鳥おどり以上の人出だろう。とにかく無理して、ぎゅーっと輪の中に入る。

郡上おどりは一度経験があるので、振りを思い出しながら動いてみる。白鳥おどりと同様に、曲の数は10曲ほどあって、順ぐりに流れるかんじだ。『かわさき』は月を仰見るように手を左右にかざして踊るゆったりとした優雅な曲。『春駒』は両腕を上下左右に大振りに動かして跳ねるような踊りが特徴。馬に乗って手綱を握っている仕草を表しているようだ。『ヤッチク』は両手両足を交互に突き出してゆっくりと進んでいく踊り。歌詞は江戸時代に実際に郡上で発生した「郡上一揆」をテーマにしていて、蜂起した農民の視点から事の顛末を滔々と語る曲だ。体制側への抵抗を描く、まさにパンクソング。何百年も踊りとして伝わっているのがすごいと思う。個人的に好きなのは『猫の子』。めったにかからない曲だが、タイトルの通り振り付けに猫の様な仕草があったり、「にゃ〜ん」というかわいい合いの手があって妙に楽しい。と、10曲も踊っていると、だんだんと自分のお気に入りソングが見つかる。

踊りに慣れてくると、まわりの人を観察する余裕が出てくる。白鳥おどりと同様に徹夜なせいか若い参加者もたくさんいる。装いもみんな一風変わっていて、お面をかぶっていたり、お揃いの派手な浴衣を着た集団がいたり、腰からひょうたんを下げていたり、あるいは浴衣にハットをかぶってモダンにきめていたり、まるでファションショーだ。みんな思い思いにオシャレしているのが、見ていて楽しい。

徹夜おどり終了の時間になると、最後に『まつさか』という曲がかかる。伸びのある声でゆっくりと唄い上げる曲。声色には祭りの終わりを告げるような哀愁が満ちている。

先ほどまで大騒ぎしていた踊り手たちも、噛み締めるようにじっくりと踊る。朝4時。祭りは終了した。

監督さんに車で郡上八幡の駅まで送ってもらう。僕とかとうさんは始発に乗って、名古屋から新幹線で東京に帰ることに。監督さんはもう少し滞在して郡上おどりを堪能するようだ。「それでは！」と挨拶して解散。2014年のお盆はこれで終わった。夏はまだ続くが、なんだか寂しさがつのる。

反骨ダンスカルチャー、ここに在り

噂に聞いてた郡上〜白鳥の徹夜おどり。風営法だなんだと騒がれる昨今、朝まで、天下の往来で、これほどの大人数が踊りまくるダンスカルチャーが日本に存在することは驚きだった。しかも、歴史的にたびたび政府によって禁止の憂き目に遭いながらも、江戸時代からこの地でずっと踊られ続けているようだ。いや、お見それしました。

誰かの曲で『朝が来るまで終わる事の無いダンスを』というタイトルがあったが、まさにそれと同じことが岐阜県で起きているのだ。

[郡上おどり]
場所　岐阜県郡上市八幡町市街地一帯
日程　7月中旬〜9月中旬（徹夜おどり　8月13日〜16日）
㊂　郡上おどり運営委員会（郡上市役所商工観光部観光課）tel 0575-67-1808

[白鳥おどり]
場所　岐阜県郡上市白鳥町市街地一帯
日程　7月中旬〜9月中旬（徹夜おどり　8月13日〜15日）
㊂　白鳥おどり実行委員会（白鳥観光協会）tel 0575-82-5900

東西盆踊りくらべ！

錦糸町の河内音頭（東京・墨田区）

八尾の正調河内音頭（大阪・八尾市）

関西のメジャー盆踊り、河内音頭

盆踊りにも参加するようになった当初、「これは面白いからぜひ行った方がいい！」とハイテンション気味に教えてもらった盆踊り大会があった。墨田区錦糸町の河内音頭（すみだ錦糸町河内音頭大盆踊り）だ。

河内音頭は関西における盆踊りの定番らしい。しかも東京音頭、炭坑節といったように「河内音頭」という1つの楽曲があるわけでなく、「河内音頭」そのものが一大ジャンルとなって、その中に『河内十人斬り』『赤城の子守唄』『雷電と八角』など、様々な楽曲が存在するのだ。なかには『美空ひばり物語』『ボブ・マーリー物語』なんて変わり種の曲もある。そういえば子供の頃、『フロムエー』というアルバイト情報誌のCMで「カーカキンキン、カーキンキン♪」という耳に残る歌が流れていたが、あれも河内家菊水丸さんという有名な河内音頭の歌い手による仕事だ。というのは後で知った話だけど。

関西で独自発展した河内音頭は東京では完全に異文化であったはずだが、数十年前に錦糸町に持ち込まれ、いまや東京における夏の定番イベントとなりつつある。僕も初めて参加した年から毎年都合が合えば参加するようにしている。東京の盆踊りとはまた違ったあのムード感、グルーブを味わいたくて。

高架下に突如出現するダンスフロア

錦糸町の河内音頭はJR錦糸町駅から10分ほど歩いた場所にある、首都高速7号線高架下、堅川親水公園という場所で毎年8月末に開催されている。初めて訪れたのは

2012年。その時は驚いた。周囲には屋台がずら〜っと立ち並び、会場奥には背面にビッシリと名入りの提灯を敷き詰めた大きなステージが。お囃子はCDやテープ音源ではなく、生演奏なのだ。ステージ手前には観賞用の客席があり、イベント開始前にもかかわらず、多くの人が詰めかけている。そして会場の大部分を占めるのが盆踊りスペース。とにかく広い。例えるなら、それは高架下の大きな空間に突如としてあらわれた巨大ダンスフロア。一体、どうなってるんだ。

ステージに歌い手が現れると演奏がはじまって、さっそく盆踊りがスタートする。先ほども説明した通り、「河内音頭」には様々な楽曲が存在する。が、基本的なメロディーや曲の構成は全部一緒だ。まずは「エーさては一座の皆様方にちょいと出ました私は〜」と歌い手によるあいさつが入る。「お聴かせ通りの悪声で〜」なんて低姿勢かと思いきや、「血を吐くまでも務めましょう」と強気な決意表明をした後に、ようやくそれぞれの曲のテーマに沿った物語がはじまる。

河内音頭の曲は実在の人物や事件を題材としていることが多い。ストーリー形式なので、平気で1時間も続く歌もある。同じテンポとメロディで長々と歌うため曲だけ聴いていると飽きてしまいそうだが、同じ曲でも歌い手によってテイストが違ったり、途中で挿入される啖呵が痺れるほどカッコよかったり、実は観賞ポイントは多々あり、河内音頭は踊らなくてもその音楽だけで存分に楽しめるのだ。

現代の河内音頭を特徴付けるのがエレキギターの使用。そう、演奏に太鼓、三味線な

どに交じってエレキが入っているのだ。三味線とは違う旋律を奏でつつ、時にギターが暴走し、ロック顔負けの轟音ギターサウンドをかますことがあって、めちゃくちゃカッコいいのだ。錦糸町では踊らないで演奏を目当てに来るお客さんもいるほどだ。

手を打ちながら腰をフリフリ

踊りは大きく分けて3種類ある。手踊りと流し、そして豆かちだ。手踊りはその名の通り手の動きを主体とした踊り。右手足、左手足、それぞれ交互に伸ばしながらリズミカルに前に進んでいく踊り。シンプルで覚えやすく、体力もあまり消耗しないので、初心者やちょっと一息つきたい時にピッタリの踊りだ。僕もすぐにおぼえることができた。

そして流し。この踊りも面白い。両手を右上、左下、交互に流したあと、「おっとっと」という感じで身体を前後に揺らして、最後に両手を左右に「さよ〜なら〜」な風に振りながら小走りするという、なんともお茶目な振り付けである。

最後に、個人的に河内音頭の華だと思っているのが豆かちである。「パンパンパン」と手を打ち鳴らしながら、腰をフリフリ踊る陽気なダンスだ。河内音頭の会場ではおっさんとかおばはんが陽気に腰を振る光景がたくさん見られる。さらに体全体を左右に大きく振りながらダイナミックに動く振り付けもあり、覚えるのは大変だが、慣れてくる

錦糸町河内音頭大盆踊り
すみだ錦糸町河内音頭大盆踊り

と跳ねながら踊っているような躍動感が得られて楽しい!

踊りの輪は二重、三重になっていて、それぞれの輪で踊りが分かれている。錦糸町では、たいてい真ん中の輪が「上級者向け」となる。「流し」の動きにアレンジを加えて、さらにダイナミックに、さらにスピーディーに踊る輪となっており、うっかり初心者が紛れ込むと動きについていけずに冷や汗ものの事態となってしまう。が、難易度が高い分、はたから見ているとめちゃくちゃカッコよく「いつか、自分もあの輪の中に入りたい……」とヒーローを見つめる子どものような気持ちで憧れを抱いてしまうのだ。

踊りに慣れてきたら「次はあの輪で踊ってみよう」と挑戦するもよし、疲れたら輪から抜けてビールでも飲みながら演奏を観賞するもよし。楽しみ方を選べるのも錦糸町河内音頭の魅力と言えよう。

本場大阪の河内音頭はどうなっておるのか

錦糸町ですっかり河内音頭の魅力にハマってしまい、河内音頭のCD音源を買ってしまうまでになった僕。錦糸町だけでは飽き足らず、次第に本場関西の河内音頭にも参加したくなってきた。関東の河内音頭と何か違うのだろうか。調べてみると、大阪府八尾市の常光寺という寺で毎年夏に踊られる『流し節正調河内音頭』が現代の河内音頭へ続く源流とされているらしい。これは行くしかない！　と息巻いていたら、さっそく『野宿野郎』のかとうさんと、映画監督の藤川さんという、いつもの盆踊り好きのメンバーも道連れとなって、本場河内音頭体験ツアーの計画が持ち上がったのであった。

監督さんは大阪で合流するとのことで、行きはかとうさんと二人で向かうことになった。さあて宿はどうしたものかと考えていると、かとうさんが「西成に泊まりましょう！」という。えーと西成って過去に暴動も発生したことがあるっていう、あの場所？要はドヤ街なのだが、格安で泊まれるホテルがたくさんあるらしい。治安はどうなんだと思いつつも、宿泊代を浮かせられるのは魅力、ということで西成泊が決定した。

さらに移動もかとうさんのプランでケチケチスタイルで行くことに。新幹線を使えば新大阪まであっちう間だが、「ムーンライトながら」通称〝大垣夜行〟と呼ばれる夜行快速列車で東京駅から岐阜県の大垣市まで。さらに、大垣駅からは必殺の青春18きっぷを使って大阪を目指すコースを選択。これで交通費はかなり浮く。10代の頃から各地で野宿旅行をしているかとうさん、その経験値は伊達じゃない。

東京駅でムーンライトながらに乗り込む。かとうさんは横浜駅で乗り込んできて、合流。とりあえずとりあえず……って感じでビールで乾杯。新幹線とか快速列車に乗ってる時っていつでもワクワクする。だって頭の中からっぽにしていても、このままガタゴトと揺られていれば目的地に着いていて、楽しいことが待っているのだ。わっはっは。

大垣駅到着は朝。ダラダラと雑談を交わしていると、おもむろにかとうさんは首マク

ラを取り出す。旅行の移動ではこのアイテムがマストらしい。さすが用意がいい。僕も夜行バスや夜行列車のたぐいはたまに利用するが、ちゃんと熟睡できたことはほとんどない。なのでハナから諦めて、目が覚めたらそのまま到着まで起きていることにしている。こればっかりは仕方ない。世の中には2つのタイプがいて、夜行バスで寝られる人、夜行バスで寝られない人に大別されてしまうのだ。たぶん。というわけで、ぐうすう寝ているかとうさんを横目に大垣駅までボンヤリとした頭で過ごすことになった。

部屋というより箱、な西成の激安ホテル

大垣駅から普通列車に乗り換えて大阪へ、の前にいったん京都で下車。祭りは夜なのでちょっと時間をつぶそうという魂胆である。僕とかとうさんのミニコミを置かせてもらっている左京区の「ガケ書房」（2015年に移転して「ホホホ座」に）や京都随一のオシャレ書店「恵文社一乗寺店」などに寄り、ほどよい時間になったところで大阪に出発。

通天閣近くの御堂筋線・堺筋線の動物園前駅で降りる。駅名の通り、近くには大阪市天王寺動物園もあるが、われわれの目的地は本日の宿。駅周辺には格安の宿が所狭しと密集している。噂に聞く西成区のイメージもありどんな場所だろうと思っていたが、な

ぜか若い女の子が宿周辺でよく目に付く。どうやらアイドルグループのライブ遠征で来た文無しのヤングがここいらのホテルを活用しているらしい。なーるほど。と、うかうかもしていられず、それらの目的で押し寄せた若者たちにより宿はどこもいっぱい。しばらく散策して、なんとかかんとか空いてる部屋を見つけることができた。ちょうどこのタイミングで監督さんも合流。ひとまずそれぞれの部屋で浴衣に着替えてから、後ほどロビーに集合することにした。

さすがリーズナブルな宿。ドアを開けると2〜3畳ほどの白壁の簡素な一室があるのみ。布団を敷けば、もうスペースはほとんど残らない。窓も1つで、なんとも独特の圧迫感がある。ともかくいてもたってもいられず、外に出たい衝動に駆られる部屋だ。ということで、ババババと浴衣にチェンジして、エレベーターで下に降り2人と合流した。

元祖「河内音頭」は腰にくる

八尾駅に着いた頃にはアタリはすっかり暗くなっていた。駅前はチェーンのお店やスーパーなどが立ち並ぶ、いかにも普通の町並みだ。ちなみに祭りの気配は一切無し。スマホの地図を手がかりにちょっと迷いながら、会場へと急いだ。商店街のアーケードのような場所にたどり着くと、ようやく人ごみや露店などが見えてきて、祭りらしい雰囲気を感じられるようになった。ついに来た！
常光寺の門に構えるのは凛々しい仁王像。スポンサー名の書かれた看板も連なっている。ワクワクしながら門をくぐると中央におなじみのやぐらが立っており、四方に提灯の吊るした線を延ばしている。盆踊りにおなじみのこの光景、いつ見ても血湧き肉躍るものがある。ちょうど僕らが到着したのが祭り開始の時間だったようで、お揃いの浴衣を着たご婦人たちがどこからともなくやってきて輪をつくりはじめた。おやおやとその様子を見ていると、さっそくかとうさんが果敢にも輪の中に突入する。こういう場面でまったく物怖じしないのがかとうさんのスゴさだ。遅れて僕と監督さんも輪の中に入った。

どうやら、ご婦人たちが踊っているのは『流し節正調河内音頭』らしく、錦糸町で踊った「河内音頭」とはまったく雰囲気がぜんぜん違う！　まず大きく異なるのが演奏。河内音頭につきものの三味線やエレキギターなどの賑やかな演奏がなく、太鼓の音のみと非常にシンプル。テンポはゆったりとしていて、「河内音頭＝アグレッシブ」というイメージがあったので、ちょっと驚く。これが河内音頭の原点なのか……⁉　が、よくよく耳を澄ましていると冒頭で歌い手があいさつをしてから主題に入る歌の構成や、「アーヤレコラセエドッコイセ」などの合いの手など、共通部分は多い。

踊りも錦糸町の河内音頭とは、かなり勝手が違う。というかほとんど別モノといってもいいくらいで、僕もかとうさんも監督さんもあわあわとまわりのご婦人を見ながらつ

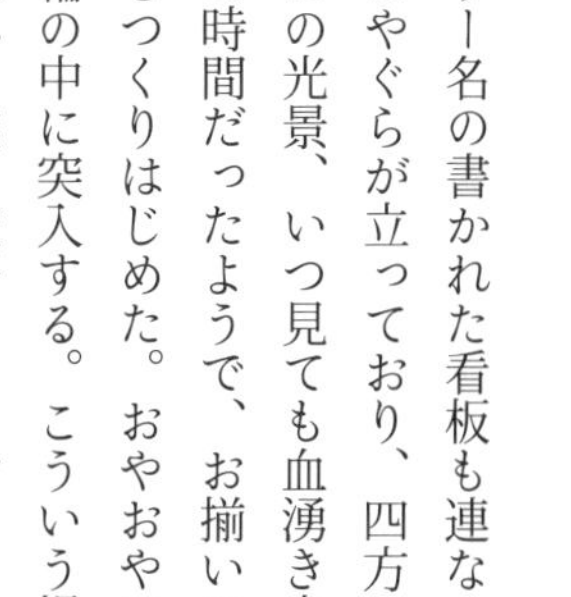

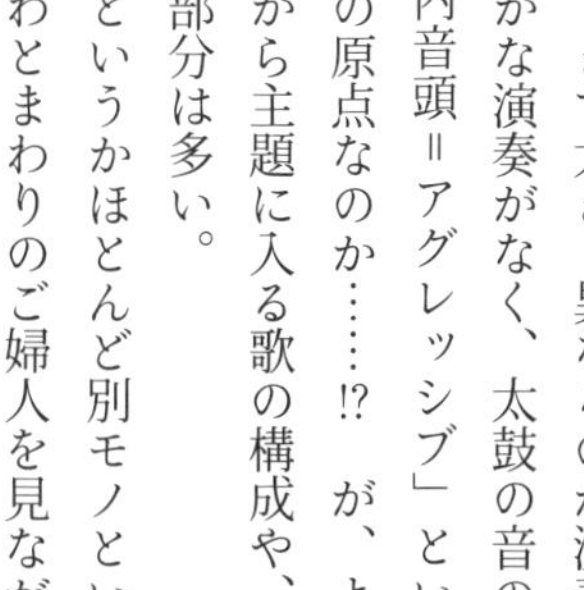

いていくので精一杯。曲と同様にゆったりとした動きだが、なかなか動きがつかめない。そして盆踊りというのは不思議なことに、動きがゆったりなほど疲れる。特に正調河内音頭の動きは腰の位置がほとんど固定されているせいか、腰にくる！　苦悶の表情を浮かべながら踊り続けるが、ご婦人や他の参加者さんたちは、涼しそうな顔でとても優雅に舞っている。さ、さすが達人たち……。

たっぷりと2時間、正調河内音頭は続き、すっかり僕はグロッキー状態に。盆踊りでここまで打ちのめされたのは初めてかもしれない。疲れて温まった体にかき氷を流し込んでクールダウンする。正調河内音頭の次は、現代調の河内音頭（常光寺のホームページを見ると正調と区別して「新河内音頭」と書かれている）も行われるそうだ。楽しみに待つ。

熟練の盆おどラー淑女が登場

ほどなくして、またやぐらのまわりに人が集まってきた。しかも、正調の時よりも明らかに人が多い。やはり皆さん慣れ親しんだ現代調がお好みのようだ。さっそく踊りがスタートすると、正調とは一変してエレキが入ったり、太鼓の手数が多くなったりお囃子の声が増えたりと、演奏がにぎやかになる。

錦糸町で体験した河内音頭を思い出しながら踊る。振り付けは錦糸町とだいたい同じ。が、錦糸町では存在した上級者向けのトリッキーな踊りがない。どうやらあの踊りは錦糸町オリジナルのようだ。なるほどなあと思いながら踊っていると、ド派手な衣装を着た妙齢女性が接近してきた。「こう、こう、こうやって踊るの！」と我々の覚束ない踊りを見かねたのか、いろいろ教えてくださる。が、その女性の踊りが激しく難しい。え、これ同じ河内音頭？　って疑うくらい難易度ハードで、頭がちょっとした混乱状態に。よく見ると僕の知っている河内音頭の踊りなのだが、あまりにも躍動感があり過ぎて違った踊りに見えるようだ。ここがダンスフロアなら、「あいつは誰だ!?」と会場が騒然とするタイプの踊りだ。

曲の合間にちょっと話を聞いてみる。「踊り、すごいですねえ」と言うと、女性は名を「とび喜代」と名乗った。おそらく跳ぶように踊ることから「とび」と名付けられたのだろう。とび喜代さんは河内音頭が好きで、大阪だけでなく東京にも遠征して踊っているそうだ。「それなら僕ら東京で会えますね！」と歓喜。話していると、さっそく次の曲がはじまり、またとび喜代さんは空中を舞う様な驚きの動きで輪の中に入って行った。踊りながら、たまに胸元のカメラで写真をバシバシと撮っている。超、アグレッシブ。世の中にはまだまだすごい盆踊ラーがいるものだ、と畏怖の念に駆られる。

新河内音頭もたっぷりと2時間ほど踊ってようやく祭りは終了。名残惜しいがあまり遅くなると電車がなくなるので、会場をそそくさと後にした。ホテルに戻ると、待っているのはやっぱりあの独房の様な一室。しかし疲れているので、関係なくぐっすりと眠ることができた。盆踊りまみれの大阪旅行。夢にまで河内音頭が出てきそうだ。

大阪のパワーを感じる河内音頭

大阪で正調河内音頭と新河内音頭、2タイプの河内音頭を堪能した。どちらも楽しくて好きだが、やはりより雑然としてエネルギッシュな新河内音頭の方が、河内音頭らしい気がする。

かつて、女の子との人生初のデートで大阪を訪れたとき、傍に好きな子がいるドキドキと相俟って大阪という街全体が内包するパワーが強烈に印象に残った（もちろんその時は河内音頭なんて知らなかった）。行き交う人と肩がバンバン当たり、自転車にのったおっちゃんが車も通行人も関係なく突っ込んでくるストロングスタイル。そして喧騒。大阪の力強いイメージが、騒々しくて楽しい河内音頭と重なる。その河内音頭が東京の地に根付いて、関西に負けず劣らずの盛り上がりを見せているのも面白い事実だ。

あ、原稿を書いていたら河内音頭、また踊りたくなってきた。頭の中であのギターの音色が響いている。イヤコラセー、ドッコイセ。

[すみだ錦糸町河内音頭大盆踊り]
場所　東京都墨田区竪川親水公園
日程　毎年 8 月 26 日〜 27 日 17 時 30 分〜 21 時 30 分
主催　錦糸町商店街振興組合・錦糸町河内音頭実行委員会
㊐問　http://www.geocities.jp/iyakorase/index.html

[常光寺 地蔵盆踊り]
場所　大阪府八尾市
日程　毎年 8 月 23 〜 24 日 19 時〜 23 時
主催　常光寺
㊐問　tel 072-922-7749

仏はつらいよ――錦糸町河内音頭の巻

栗原 康

盆踊りの精神にふれる

二〇〇九年八月末。友人にさそわれて、はじめて錦糸町河内音頭にいった。駅から徒歩五分。キャバクラや飲み屋がたちならんだ小道をテクテクとあるいていくと、その先に会場があった。首都高速の下に駐車場みたいなところがあって、そこが特設会場になっているのだ。若干せまくて、ゴミゴミしている。でも、すごい熱気だ。おそるおそる会場にはいってみると、左右の両端にはズラッと露店がたちならび、真ん中には踊り場があって、その奥にライブ用のステージがある。わたしはなかなか友人をみつけられなかったので、とりあえず露店で生ビールを買い、ひとりグビグビやっていた。やばい、信じられないほどうまい。さすが夏だ。

しばらくすると、奥のステージからライブがはじまった。浴衣をきたおじさんが三味線をひきながら民謡をうたいはじめると、そこに和太鼓、エレキギターもくわわって、ジャンジャカとやりはじめた。はげしい。すると音につられて、それまで露店のまわりにいた有象無象が、ドッと踊り場にくりだしていった。輪をえがいてグルグルまわる。ふつうの盆踊りのはやさじゃない。ピョンピョンピョンピョン。回転しながらとびはねて、着地したとおもったら、またとびはねてまわっていく。気づけば、輪が二重、三重になっていて、真ん中だけが逆回転でまわっていた。あっけにとられて眺めていると、友人がクルクルっと回転ジャンプしているのがみえた。みたこともないような満面の笑みだ。しかも、すさまじい体のキレかたをしている。別人みたいだ、ふだんはノソノソとしかうごかないのに。こりゃあ、なにかあるのだろう。わたしは一気にビールを飲みほして、踊り場のなかにとびこんだ。

ひき足、ひき足、体をゆらして手をたたき、まえにふみだして、おもいきり地面を蹴りあげる。回転しながらジャンプして、すこしずつ横にずれていく。わたしは大の運動音痴なのだが、みようみまねでやっていたら、三分くらいでできるようになった。たのしい。まわりっぱなし、はねっぱなしだ。まだ夏の暑い時期なので、とめどもなく汗がしたたりおちる。正直、踊るまえにビールを飲んだので、ちょっとおしっこの心配をしていたのだが、ぜんぶ汗になってでていってしまった。まったく尿意をもよおさない。これ、恥ずかしげもなくかいてしまったが、あとで友人もおなじことをいっていたので、みんなそうおもっているのではないかとおもう。とにかく、そのくらい体中の水分がふきでてしまうのである。でも、不思議とつかれはかんじない。回転しすぎて、トランス状態になっているのだろう。だんだん気持ちよくなってきて、もうなんでもいいや、なんだってできるという気分になってくる。とびはねて、そのままひょいと昇天だ。心も体もスッカラカンになっていく。こんなの、いちどあじわったらもうやみつきだ。

それから五年くらい、ずっと河内音頭にいきつづけている。そのうち三年目くらいだったろうか。例年のように踊り、一曲おわってホッと一息ついたときのことだ。ふとまわりをみわたしたら、浴衣姿の女子たちがいっぱいいいて、汗だくになっている。エロい、エロすぎる。もちろん女子たちといっても若い子ばかりではない。おばさんもいれば、おばあちゃんもいるのだが、みんなエロい。ちょっとドキドキしてニヤけてしまった、そのときのことだ。とつぜん、うしろから肩に手をかけられた。ふりむくと、金髪のおネエさんがいる。やばい、わたしは自分の心が読まれたんじゃないかとおもって、あせってしまった。「ううっ、ううっ」といいながら逃げようとすると、「どうしたの、栗原くん」という声がきこえた。あれ？ よくみると、友だちの奥さんだった。どうも踊りのために気合をいれて、髪を金に染めてきたらしい。「なんだ、不良にからまれたかとおもって」とわたしがいうと、「なにを！」といってしばらくプリプリしていたが、そうこうしているうちにまたライブがはじまった。踊りはじめると、わたしの失言なんてもうどうでもよくなっているようだ。よかった。はねてもどらず。いいね、それが盆踊りの精神だ。

なぜ、フリーセックスと死者の供養は共存しているのか?

せっかくなので、もうすこし錦糸町河内音頭にふれておこう。もともと、河内音頭は、江戸時代に大阪で人気をあつめた踊りであり、江州音頭とならんではげしい踊りとしてしられてきた。東京でもひろまったのは、一九八〇年代にはいってからのことだ。一九七八年、ルポライターの朝倉喬司が取材で大阪をおとずれ、たまたま河内音頭にでくわした。あまりのすごさに感激した朝倉は、評論家の平岡正明にはなしをすると、すぐに意気投合。それはもう東京でもひろめるしかないねということになり、一九八二年、まずは渋谷のライブハウスで「河内音頭・東京殴りこみコンサート」がひらかれた。おなじ年、錦糸町でもパチンコ屋の二階でひらかれている。現在のような形式になったのは、一九八六年のことだ。「すみだ錦糸町河内音頭大盆踊り」。それから毎年、八月のおわりになると、錦糸町で開催されるようになっている。

たぶん強調しておいてもいいのは、朝倉さんにしても平岡さんにしても、どちらもアナキストだということだ。アナキストが河内音頭を東京にひろめたのである。なぜか。もちろん、おもしろいとおもったからにほかならないが、とはいえ、それは河内音頭のなかに、どこかしらアナキズム的なものを感じとったということにちがいない。じゃあ、それはなんなのか。朝倉さんは、河内音頭には、そのはげしさのなかに盆踊りの原型みたいなものがかいまみられると述べている。

一）フリーセックス

二）死者の供養

このふたつ、あたまで考えると、なぜ同時にとおもってしまうかもしれないが、感覚としてはだれもがわかるんじゃないかとおもう。盆踊りは、わたしが感じたように妙にエロい。これは昔からそうで、年にいちど若い男女が狂気乱舞しながら自由に恋をして、セックスをする。そういう解放感にみちたものであった。それから盆踊りというのは、もちろんお盆にやるもので、現世にやってきた死者をもてなして、あの世にかえす儀式でもある。ふつう現世の時間は、生から死へと一直線であるが、円環をえがくことであの世とこの世をつないでしまう。そして地を蹴り、はねる行為によって、死者を地下からひきずりだすのだ。死者とともに踊って遊ぶ。ちなみに、いまいったようなことは、古代から歌垣や連歌、毛遊《もうあし》びなどの風習としておこなわれてきたらしいのだが、それが中世にはいると仏教とむすびつき、踊り念仏として全国各地で催されるようになった。そこからしだいに宗教性がうしなわれ、いまの盆踊りになってくる。ようするに、踊り念仏が盆踊りの直接的な起源なのである。たぶん、そのポイントをおさえれば、なぜフリーセックスと死者の供養が共存しているのかがわかるとおもう。

執着のない春駒になれ

はねばはねよおどらばおどれ春駒の　法《のり》のみちをばしるひとぞしる
ともはねよかくてもおどれ心駒　弥陀の御法《みのり》ときくぞうれしき[1]

これは鎌倉時代、踊り念仏をひろめた一遍上人が、その思想についてかたった詩である。わかりやすいので解説はいらないかもしれないが、「春駒」ということばには、子どもが竹馬にのってピョンピョンはねている様子と、発情期の馬がいきりたっている様子のふたつが掛けられている。また、「法《のり》」というのは仏のおしえのことだ。仏とは、世のなかに存在するあらゆる無償の行為のことであり、だれにでも平等になげかけられる慈悲の光のことである。自分の行為になんの見返りももとめないし、もとめられることもない。そういう意味では、なんにもしばられずに自由にふるまうことだといってもいいかもしれない。アナキズム？　一遍上人によれば、ひとは仏の慈悲によって、生まれながらにして救われているのであり、成仏している。仏になっているのだ。ひとは気づいていないだけで、日ごろなにも考えずに、ただ他人に手をさしのべたり、さしのべられたりしている。ただおもしろそうだから他人と遊んだり、好きなことをやったりもしている。オレ、仏。それに気づくのはとてもうれしいことであり、自然と体がうごいてしまう。わーい、わーい。春駒のようにわめいて踊れ。

でも、ひとはなかなか自分が成仏していることに気づかない。なぜかというと、現世の人間社会にとらわれているからだ。たぶん、一遍上人のころからそんなに変わっていないとおもうのだが、人間社会の中心には家がある。家のために生きろ。よき夫、よき妻をむかえ、子どもをもうけろ。結婚して住居をかまえ、財産をたくわえろ。夫は家をよりおおきくするために立身出世にはげみ、妻は夫をささえ、子どもは親をうやまえ。あとはほかの家との競争だ。農村にしても、武家にしても、会社にしても、いがいと人間社会はこの論理をベースになりたっている。家のために、もっと家をおおきくするために、もっともっと役にたて。それ以外の生きかたをするのはゆるされない。役にたつことしかできなくなり、たくわえたものに執着する。重苦しい、不自由だ。

じゃあ、どうしたらいいのかというと、踊ってしまえということである。ひとはおのずと成仏している。うれしさあまって踊るのだ。ピョンピョンとびはねて、結婚制度のくびきをはらう。ひとがひとをおもうということが、家のために、生活のために限定されてしまっている。それをぶっ壊すのだ。なにものにもしばられずに好きなひとと恋をして、好きなようにセックスをする。うれしさ、かなしさ、感情の機微をあじわいつくす。ほんとうのところ、一遍上人は、家だけじゃなく愛欲もふり捨てて、そういうのにまったくとらわれない、自由な友人関係をもとめているのだが、とうぜん踊り狂った群集たちはそうではない。エロいのだ。それから、死者を供養するというのもおなじである。ひとはちゃんと成仏しないと、死してなお現世に執着する。もっと財産がほしかった、もっとよい暮らしをしたかった、もっと出世したかった、先祖代々の家をまもれ、もっと家をおおきくしろと。おそらく死者の霊魂を鎮めるということは、そうしたおもいを断ちきるということだ。円環をえがき、生と死のはざまにたつ。それは死者と踊り、ともに仏になるということだ。どこにいって、なにをするのも自分の勝手だ。生の重しはもうとれた。かるい、たかい、昇天だ。

さて、これが盆踊りの精神だ。いま、この精神を生きるということは、どういうことを意味するのだろうか。フリーセックス？ 錦糸町でいっしょに踊った友人は、ほんとうにそれをやって、女子にグーでなぐられた。わたしはなんの見返りもない恋をくりかえしている。まあ、たんにこっぴどくフラれつづけているというだけのことなのだが。たぶん、いちどでも錦糸町で踊ったことのあるひとは、だいたい自分や身のまわりで、おなじような経験をしているはずだ。目のまえで、人間社会のしあわせがくずれさっていく。わたしたちはそれをよろこび、とびはねることができるだろうか。なむあみだぶつ、なむあみだぶつ。努力奮闘のかいもなく、きょうも涙の日がおちる。汝、執着のない春駒になれ。仏はつらいよ。

1『一遍聖絵』（岩波書店、二〇〇〇年）四五頁。

栗原康
１９７９年、埼玉県生まれ。家でゴロゴロするかたわら、大学や塾で非常勤講師をしています。１５年くらいまえ、京都の六波羅蜜寺で空也上人像をみたとき、涙がボロボロとながれ、三時間くらい、その場にたちつくしてしまいました。それ以来、踊り念仏のとりこです。なむあみだぶつ、なむあみだぶつ。嗚呼、おどりたい。捨ててこそ。

温泉の町を盛り上げる盆踊り！

道後湯玉音頭

（愛媛・松山市）

盆踊りを生業にする人がいるって？

現代音頭作曲家、そんな職業の方がいるらしい。山中カメラさん。なんとも個性的なお名前。肩書きの通り、全国各地で盆踊りをつくっているそうだ。ネットで盆踊りについて調べている時にたまたま名前を発見し、う〜ん、

かなり気になる存在。と思っていたら、本連載担当編集の宮川さんがそんな心のうちを見透かすかのように「今度、山中カメラさんに会いに行かない？」と声をかけてきた。

なんでも、松山の道後温泉で『道後温泉まつり』というイベントがあるらしく、そこで披露される『道後湯玉音頭』という盆踊りの作曲・振り付けをカメラさんが担当されているらしい。しかも当日、ご本人もまつりにいらっしゃるとか。大分在住ということで、東京住みの自分としてはなかなかお会いできる機会は少なそうだ。「現代音頭作曲家ってなに？」。この疑問を解決するべく、一路松山に飛んで、道後温泉まつりに参加することにした。あと、道後温泉にも入りたいしね！（↑これ重要）

旅の道連れは宮川さんと、『野宿野郎』のかとうさん。今回の遠征で事前に松山で宿をとることになったのだが「私は野宿をします」と一人主張するほどの野宿ガールだ。以前、青森のキリスト祭りに参加した際に、ともにキリストの墓の下で野宿をしたことが思い出される。

坊ちゃん、みかん、道後温泉

成田から飛行機で松山へ。乗ったのは流行のＬＣＣ（格安航空会社）。自分自身はあまり飛行機に乗らないので比較はできないが、シートにつくと、なるほどめちゃくちゃ席が狭い。さすが格安。しかし夜行バスに慣れていれば、こんな環境は屁でもない。隣の宮川さんとかとうさんは備え付けの機内食メニューを見ながら「やっぱり高い」「ボッタクリだ」などとブーブー言っとる。そうはいっても最終的にガマンできずお酒を注文して飲んでしまう3人なのであるが……。

松山空港までは飛行機でおよそ1時間半くらい。あっという間に着いてしまった感じ。愛媛ということもあり、みかんの推し方はえげつないくらいに露骨である。空港を出てバスに乗り込み、目的の道後温泉まで30〜40分ほど揺られて到着。なんというか、あっけなく着いてしまったなーという感じだ。飛行機すごい！

停留所でバスから降りると、さっそく賑やかな商店街の入り口が目に飛び込んでくる。道後温泉へと続く、ハイカラ通り（道後商店街）だ。観光地らしく、商店のラインナップは99％がお土産屋。ここでもやはりみかんジュースやみかんのスイーツ、みかんのキャラグッズなど、みかん推しが甚だしい。そして松山といえば、夏目漱石の『坊ちゃん』。坊ちゃんグッズがあちこちにある。

「坊ちゃんっていま考えると、嫌なやつですよねぇ」と試食コーナーの坊ちゃん団子を食べながらかとうさんが言う。思い返してみると、あの小説で巻き起こる様々なトラブルというのは、結局のところ坊ちゃんの異様なまでの強情に端を発しているような気がする。一言で表すと「めんどくさそう」な人なのだが、地元？　で愛されている坊ちゃんの姿には、そんな「めんどくさそう」な面影は一切見られない。実際に坊ちゃんが小

説の世界から飛び出してきて現代に降臨したら、どんな扱いを受けるだろうか、想像するとハラハラする。

商店街を抜けてしばらく歩くと、今夜の宿に到着する。宮川さんが探してくれたゲストハウスなのだが、あいにくまだオープンしていない様子。しかたなく商店街の方にとぼとぼ戻る。そういえば道後温泉本館にまだ行っていないな、ということでさっそく向かう。ジブリ映画『千と千尋の神隠し』の舞台のモデルともなったと言われているその建物。宮川さんとかとうさんは以前も来たことがあるらしいが、僕は初見。明治時代に改築され、かの夏目漱石も感嘆したという壮麗な建物の趣に「ほほう」と見とれる。うちのボロアパートの風呂の何倍の大きさなんだろう、とどうでもいいことを考えながら。

福の神みたいな山中カメラさん

宮川さんが誰かと電話をしている。どうやら山中カメラさんと連絡がとれたらしい。道後温泉本館の近くにある「椿の湯」という湯屋にいるとのこと。カメラさんと会うべく、さっそく椿湯に向かう。椿の湯は道後温泉本館と同様の共同浴場だが、外観は本館の趣と比べるとより近代的で、しかもお値段がちょい安め。それゆえ、地元の人も多く利用しているそうだ。カメラさんの指定通り、建物にあがろうとすると優しげな面持ち

の男性がわーっと駆け寄って来た。か、カメラさんだ！

ふくふくとひげを蓄え、表情が大黒様のように優しい。なんだろう、この神々しさは。そう、山中カメラさんはどことなく神様っぽいのだ。そう考えると、首に巻かれたストールはまるで羽衣に見えてくる。「どうも、よろしくお願いします」と互いにあいさつをする。今回の盆踊り遠征は山中カメラさんへの取材も兼ねていて、カメラさんのつくった「道後湯玉音頭」を体験すると同時に、カメラさん自身へのインタビューもさせていただくことになっている（インタビューの内容は196ページに掲載）。その段取りについてカメラさんと簡単にミーティング。

続いてカメラさんが「ご紹介したい人が」ということで、とある方を連れて来た。道後商店街の青年部部長石田匡暁さんだ。青年部の部長。要はエラい人だ。なんかスゴいことになった。いちおう名刺を交換させていただくが、僕もかとうさんもかなり素性が謎なはずなので、若干不安になる（僕は『恋と童貞』編集長、かとうさんは『野宿野郎』編集長）。ともかく、お話によると、道後は盆踊りの源流ともなっている「踊り念仏」を始めた一遍上人の生誕の地なのだとか。そんな盆踊り縁の地から世界に向けて日本のダンスカルチャー「盆ダンス」を発信していこうと、カメラさんに盆踊りの制作を依頼した、「道後湯玉音頭」にはそんな経緯があるらしい。

浴衣で道後の町をそぞろ歩き

カメラさんとは夜のまつりで再び落ち合うことにし、あらためてゲストハウスに向かう。今度はちゃんと建物がオープンしていたので、中に入ることができた。カウンターからひょこっと顔を出したのは欧米人の方。なんとこの「泉ゲストハウス」はアメリカ人男性と日本人女性のご夫婦が経営されているらしい。ロビーに併設する共同スペースに目をやると、なるほど外国人のお客さんが数人くつろいでいる。なんとも国際的なゲストハウスだ。

ここまで来てかとうさんは近くで野宿をするということなのだが、ともかくご夫婦の厚意で荷物だけ部屋に置かせてもらえることに。受付を済ませると「ゆっくりしていってね。そういえば今日は祭りでしょ？　浴衣は着ていかないの？」と言われる。なるほど、浴衣のレンタルもしているらしい。「じゃあ、せっかくなので……」と3人とも浴衣を借りる。浴衣、温泉街、祭り、いやぁナンともいい風情ではないか！　とテンションが上がる。

荷物を置いて、浴衣に着替え、さっそく盆踊りチーム3人で再び商店街に繰り出す。かとうさんはキョロキョロしながら「野宿できる場所ないかなー」と言っている。さすがかとうさん。

夜の盆踊りまではまだ時間がある。せっかくなので道後温泉まつりを楽しもうという

ことになった。まず向かったのは道後温泉本館。散餅、つまり「餅まき」があると聞いて駆けつけたのだ。餅まきは初体験だったのだが、この激しいこと激しいこと。空中を飛び交う餅に大人も子どもも、男も女も関係なく血眼で飛び込む。キャッチされずあえなく地面に落ちた餅は、殺到する人の群れで瞬時に一掃される。ダメだ、全然取れない……。諦めて観察していると、片手にビニール袋を持って、ひょいひょいと餅をキャッチするあきらかにプロっぽいおじさんが何人かいる。アレ、絶対餅まきのプロだ。餅まきが終わって辺りを見回すとニヤニヤしたかとうさん。浴衣の袖から餅が4〜5個も出てきた。この人もプロだ。

餅まきで汗をかいたので、続いて湯を浴びることにする。湯屋は本館と先ほど訪れた椿湯の二択だが、今回は椿の湯をセレクト。椿の湯の内観はいかにも、最近のスーパー銭湯といった風情で、非常にキレイなたたずまいだ。隅々まで意匠が凝らされた道後温泉本館とは真逆な感じ。それだけ親しみやすさというか、気を張らずに利用できる気楽さがある。浴室に入ると目の前にいきなり広々とした湯船。それを囲うように壁際に洗い場が配置されている。泡風呂も電気風呂もサウナもない、シンプルなお風呂。浴槽の中央には大きな円柱上の物体が伸びていて、ちょぼっと出た急須の口のようなところから、魔法の様にじょろじょろと湯が注ぎ出ている。（これが道後の湯ですか……）と誰に言うでもないナレーションを頭の中で再生しながら、とぷんと湯につかる。極楽。極楽である。まるで浴槽でお湯に抱きしめられているような温かさ。ああ、来てよかった、

と一瞬盆踊りのことを忘れるほどだ。いかんいかんと思いつつも、いつまでも肩まで湯に浸っていたくなる。

着替えをしてロビーに行くと、宮川さんが「石けん、みかんのやつじゃなかった？」と言う。そういえば受付で借りた石けんがオレンジ色だった。不覚にも全然気がつかなかったが、みかんの香りがする愛媛エディションな石けんだったらしい。うーん、ちゃんと堪能すればよかった。しかし、この地はどこまでもみかん推しであるなぁ。

湯屋から出て街ブラ。今度は腹ごなしをしようという話に。選択肢はいろいろある。道後グルメといえば、鯛めし、じゃこ天、鍋焼きうどん……。調べてみるといろいろあるようだが、われわれ一行の興味を激しくそそったのは、とある居酒屋の「坊ちゃん御前」ののぼり。６００円。なぜかディスプレイのサンプルには「坊ちゃん定食」と書かれているが、同じメニューらしい。気になる。さっそく入ってみるが、注文すると「野菜ばっかだからやめたほうがいいよ！」と店のオバチャンがしきりに反対してくる。ますます気になるが、オバチャンの態度があまりにもかたくなだったので、別の煮魚定食とおかずを何品か、そしてビールを頼んで良しとする。どれもおいしいが、じゃこ天は脂がのっていて実にうまい。じゃこなどの魚のすり身を揚げたシンプルな料理であるが、大根おろしに醤油をちょろっと垂らして食べれば、これは下戸の自分でも酒が進む進む。

道後

動くやぐらと商店街を行進

「この店は正解だ」と調子にのっていろいろ注文して飲み食いしていたら、あっという間に盆踊りの時間。いかん！　と急いで店を出て会場へと向かう。場所は道後温泉駅前の広場。先ほどの山中カメラさんの話では「青年会の人たちが動くやぐらを作ったみたいです」と言っていた。一体、どういうことなんだ。

到着すると商店街の入り口に紅白の布で巻かれたやぐらが立っていた。布の下からすっくと伸びた四つのパイプの脚にはキャスターが付いている。なるほど、確かに稼働式。手作り感のあるやぐらに何だか嬉しい気分になる。やぐらの上にはハッピを着た山中カメラさん。お会いした時はおだやかな印象であったが「それじゃあ、これから踊りの練習をしますね！」と声をはりあげていて、まるで別人の様。われわれ盆踊りチームもがぜん気合いが入る。

『道後湯玉音頭』の振り付けにはすべて意味があって、踊りレクチャーの際にカメラさんがひとつひとつ丁寧に説明する。例えば道後の名物「一六タルト」の模様をなぞらえて腕を回したり、肩にお湯をかける振りがあったり、『坊ちゃん』が湯船で泳いだエピソードにちなんで泳ぐ仕草をしたり……。地域にまつわる要素が満載で、踊りを覚えているうちに道後のことが自然と頭に入ってくる。さらに印象に残るのが、歌詞のサビに使われている「真暫寝哉（ましましいねたるかも）」というフレーズ。カメラさんの

解説によるとこれは大昔、大国主命（おおくにぬしのみこと）という神様が、病気にかかった少彦名命（すくなひこなのみこと）という神様を道後の温泉につけたところ「真暫寝哉（しばらく昼寝をしていたようだ）」と叫んで復活したという神話にちなんでいる。その際、少彦名命は復活した勢いで石の上で舞い踊ったそうな。道後、温泉、盆踊り、という3つの要素がキレイにリンクするエピソードだ。そして、音頭の最後は輪になった全員で手をつなぎながら「嬉しくてダンス」という言葉で踊る。

踊りの講習が終わったところで、さっそく盆踊りの本番がスタート！　踊りはパレードのように商店街のアーケードの中を行進していき、その後ろをカメラさんが乗ったやぐらがついていく。とりあえず僕とかとうさんは列の後ろにつく。商店街を通る観光客に好奇の目で見られながら、ずんずんと前へ前へ。踊り自体は比較的シンプルなので、物覚えのわるい僕でもすぐにマスターできた。特に「シェー」のようなポーズで左右にぴょんぴょんと飛び跳ねる動きが楽しい。

道後温泉本館の前で盆踊り！

ほどなくして踊りの隊列は道後温泉本館の前に到着。ここでいったんの休憩タイム。今度はやぐらの位置を固定して、そのまわりを囲むように人の輪をつくる。次の踊りへの準備が進むなか、じょじょに近くを通りがかった観光客も輪のなかに加わってきた。しばらくすると、再びやぐらの上に山中カメラさんが登場。あらためて踊りのレクチャーをしたあと、クライマックスの道後温泉本館の前で盆踊りがスタート！

道後温泉の建物を見ながらの盆踊りはなんとも風情があって楽しい。また、先ほど列になって踊っていた時と違い、輪になると一緒に踊っている人たちの顔がよく見える。この光景がとても印象に残った。みなさん、踊りながらめちゃくちゃ楽しそうなのだ。

踊っていると、隣にいたハッピを着た50代くらいの男性が話かけてきた。道後温泉まつりのスタッフさんのようで、「ここはこう踊るんだよ〜」と嬉しそうに教えてくれる。その笑顔といったらもう……。なんという多幸感に満ちた時間、空間だろう。地元の人も、観光客も、すべてが踊りの輪の中で一体になっているのだ。なんだか無性に楽しくなってしまって、自分も夢中で踊る。

ふと、ダンスに熱中する人の波の間に、道後温泉本館の建物が再び垣間見えた。提灯の薄明かりに照らされ、闇夜に浮かび上がるその姿。この幻想的な時間のなかで、建物自体がまるで神様のように見えた。数千年もの長い間、道後の地と人々とともに生きてきた道後温泉の神様が、一心不乱にアホ踊りに興じる人間たちを見守るように優しく見つめている、そんなイメージが頭をよぎったのだ。ああ、すごく楽しい。このままずっと踊っていたい……。

盆踊り終了後は余韻を引きずりながら近くの居酒屋に退避。興奮で気が大きくなって

いるせいか、3人で「あれもこれも」と豪勢に飲み食い。「亀の手」という、まさに亀の手に似た形の貝がとてもおいしかった。みかんハイボールは店員さんが「私、ここに来て最初飲んだときは『なにこれ⁉』って思ったの」「いまはおいしいって思えるようになったけど……」と、こちらが注文する前から消極的な意見。さんざん脅かされたものの、実際に味わってみるとすこぶる飲みやすく、酒が弱い自分にはお気に入りだった。食い道楽の後は、宮川さんと僕はゲストハウスに、かとうさんはひとり野宿地に向かって就寝した。

道後湯玉音頭が生まれたきっかけ

翌日、ご厚意により「道後湯玉音頭」を企画した道後商店街青年部の石田さんにお話を聞く機会に恵まれた。

２０１３年12月にお披露目されたという「道後湯玉音頭」。人づてに山中カメラさんを紹介してもらった石田さんが、盆踊りの制作を依頼したことがすべてのはじまりだという。

「道後で盆踊りをやろうと思った当初は、けっこう軽いノリだったんですよ。みんなで楽しめるし、わかりやすいし、あるいは盆踊りって浴衣で踊りますよね。道後の町は浴

衣でそぞろ歩きをするのが風土だし、そのまま踊れるじゃん！　って。でも、一遍上人の生誕の地が道後にある宝厳寺で、その一遍上人が伝承した踊り念仏っていうのは実は盆踊りの元祖なんだと……、話を突き詰めていけばいくほど盆踊りって絶対的に道後に必要じゃん！　って思わされて。そこで、カメラさんに盆踊りの制作をお願いしたのがスタートだったんです」

　依頼を請けたカメラさんは道後の地にやってきて一ヶ月間滞在。資料を調べたり、人に話を聞いたりしながら盆踊りのヒントを探していったという。

「そのうち僕らより道後のことに詳しくなっちゃって。逆に僕らが教えられるという。僕らが言っていることのほとんどは、カメラさんからもらった言葉ですから（笑）」

　そして、ついに「道後湯玉音頭」が完成する。

「最初に曲ができましたって聴いた時に、歌詞がシンプルでわかりやすいと思ったんですね。でも、いろいろなことを知った上で出てくる言葉の重さみたいなものに感動して泣いちゃいました。それは道後の過去、神話からはじまって、現在の僕たち、そしてこれからはじまる道後温泉本館の改修。その後、道後温泉本館自体が『ましましいねたるかも』と復活して、再び観光客の皆さんを道後の街に呼んでくれる、っていうストーリーや想いが込められているんですよ」

　昨夜、盆踊りの舞台ともなった道後温泉本館は、実は２０１７年から建物の改修が予定されているのだ。２０２４年の完成を目指しているということで、工期は７年。その間、

道後温泉が利用出来るか否かは今のところ不明だが、きっと地元の人たちは多くの不安を抱えているだろう。そんななか、完成した道後湯玉音頭。その意味を考えると、なんだか熱いものがこみ上げてくる。石田さんは笑顔で話を続けた。

「僕らがやるべきことは、いまはまだ道後温泉本館の前で踊るだけですけど、いずれは本館を取り囲んで、刻太鼓（道後温泉本館の頂上に取り付けれた時刻をしらせる太鼓）を叩きながら踊りたいですね。来る2020年の東京オリンピックで、日本が盆ダンスを日本の看板として打ち出した時に、ミシュラン三ツ星の道後温泉本館を盆ダンスの聖地として世界に広げていって、世界中から道後温泉に盆ダンスを踊りにくるぞ、と。嫌なことも何もかも忘れて世界中の人が楽しむ場所になっていったらいいなと。盆ダンスを街のみんなで成長させていきたいと思っています」

新しく盆踊りを創るということ

かとうさん、宮川さんと一遍上人誕生の地である宝厳寺を訪ねると、驚きの光景が広がっていた。階段を上り門をくぐると、目の前には一面の更地。お寺の建物はなく、数本の木と、ここが一遍上人縁の地であると説明する碑と看板が寂しく立っている。なんと宝厳寺の本堂は2013年に焼失してしまったというのだ。3人とも呆然。辺りを見

回すと、焼失後に出来たとおぼしき仮設の小屋のようなものがある。壁にある貼り紙には焼失の経緯と、寄付金を集めて宝厳寺を再建する「もういっぺんプロジェクト」の概要が書かれていた。ここにもまた、一遍と盆踊りの影があった。また復活してほしい、と強く思う。

山中カメラさんの「現代音頭」に感じたもの。それは、自分たちの歴史を自分たちの意志で作っていく、という強い想いだ。地元の人たちも知らなかったような土地の歴史を再発見していく過程があり、それらの材料を再編し、誰にもなじみがある音頭という形でアウトプットする。その音頭が描くのは過去の歴史だけでなく、いままさに盆踊りを無心で楽しんでいる「現在」の自分たちの姿、そして「こうあってほしい」という願いのつまった意志のある「未来」だ。

これからもカメラさんは一遍のように全国を遊行し、様々な音頭をつくっていくのだろう。そして道後湯玉音頭も、もっと規模が大きなものになって発展していくだろう。盆踊りってまだまだ楽しいなぁ、と帰りの飛行機で一人ほくそ笑む自分であった。

[道後湯玉音頭　～ BON ダンス～]
場所　愛媛県松山市道後湯之町
日程　8 月～ 9 月頃予定（平成 27 年は 9 月 12 日開催決定）18 時～ 20 時頃
主催　道後商店街振興組合
㊐　tel 089-931-5856

注意点その他
・ご参加の際は、公共交通機関をご利用ください。
・参加料金無料
・詳細につきましては HP をご覧ください。http://town.ehime-iinet.or.jp/dougo/

第2章 聞いてみた・踊る人たち

かとうちあき

どこまでも深い沼…ハマって楽しい盆踊り

盆踊り師匠・初穂さん

初穂さんはわたしの師匠です。

あれは、去年の夏。

それまでは「河内音頭」一択だった曲目に「江州音頭」「伊勢音頭」が加わった「すみだ錦糸町河内音頭大盆踊り」会場でのこと。

やたら踊りの難しい「伊勢音頭」が演奏されると、だれも踊れる人がいなくて会場はざわざわ。

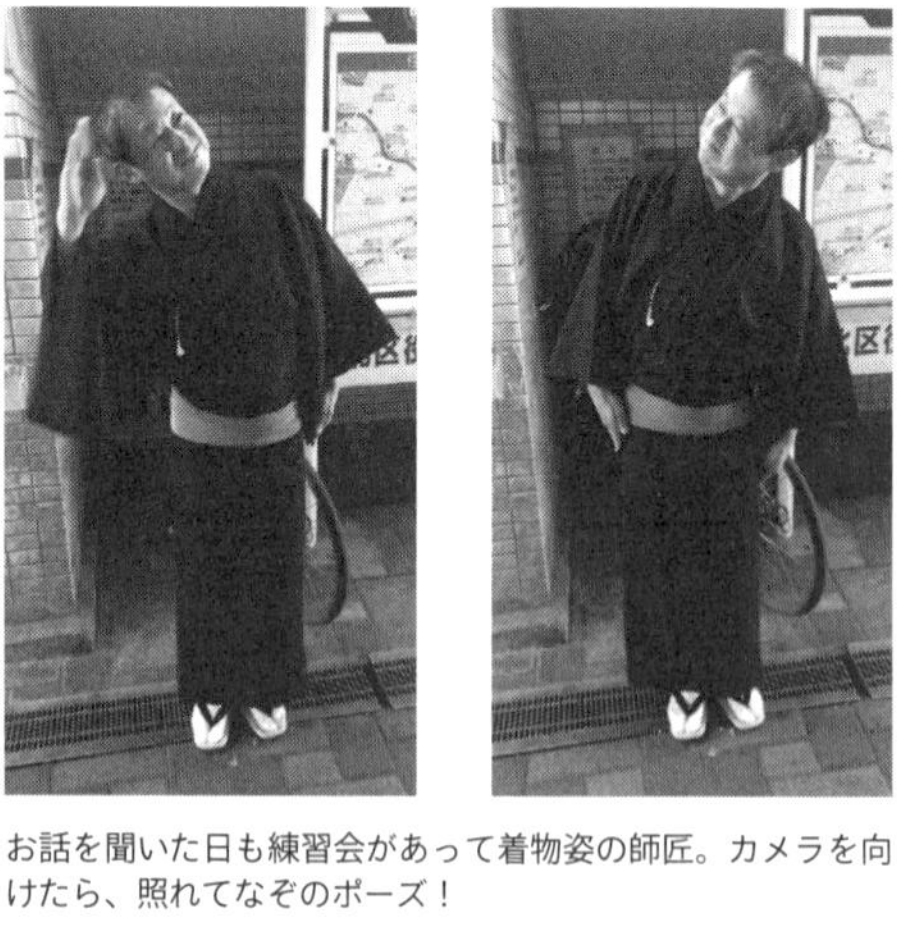

お話を聞いた日も練習会があって着物姿の師匠。カメラを向けたら、照れてなぞのポーズ！

そんな中でひとり颯爽と踊っていたのが師匠でした。「この人に付いて行こう!」みな思うことは同じで、師匠の後ろにはぞろぞろと列ができてゆくのでした。

その後、再会したのは、横浜市白楽の「ミッドナイト盆踊り」。盆踊りと聞けばどこにでも現れる師匠は、福島でやっていた民踊（みんよう）大会の遠征帰りに参加。やはりだれもが踊れない中、すべての曲が師匠頼みで、「ああ、我らが師匠!」となったのでした。

けれど、実はそれ以前にお見かけしていた。日比谷公園で行われた「丸の内音頭大盆踊り大会」。踊りが終了しても、「まだまだ踊り足りねえ!」とばかりに自主的にサークルをつくって踊り始める集団がいて、それだけでもびっくりなのに、その中に飛びっ切り強烈な人が。完全なる酔っ払いで、踊りの輪から抜けて寝てしまった。と思いきや、これぞという曲がかかると急に上半身を起こして、酔拳ならぬ酔踊り。手をひらひらと、それはそれは優雅に踊り始めるのです。

「こ、こ、このツワモノはいったい……」と思った人がなにを隠そう、いや隠してはいないし、もうお察しでしょうが、師匠でした。

それを10月、東京のほぼ「踊りおさめ」であるらしい「みなと区民まつり」の盆踊りの輪の中で気づく。後ろで踊っていて、ひらひらと優雅な手の動きを見てデジャブを覚え「あのツワモノ＝師匠」とつながったわけですが、一夏あちこちへ盆踊りにゆくと踊り好きな方々にはたいがいどこかでお会いしているし、その方々のことは踊る姿で認知しているという「盆踊りあるある」、それを実感した瞬間でした。

と、ひじょーに前置きが長くなりましたが、師匠の盆踊り人生、盆オドラーの生き様を聞くのであります。

師匠の好きな盆踊り曲：『日本の夏ごよみ』「歌詞がよい」

踊りデビューは突然に……

「小学生の時から盆踊りは好きだったんです。でも自意識が邪魔をして、どうしても輪の中には入れなかったんですよね」。

そんな師匠がついにデビューしたのは14年前の夏、30代半ばのことでした。きっかけは、「ともくんの盆踊り情報」管理人のともくんさん。大人になっても毎年、職場近くの神社で開催されている盆踊りへ行っては「いいなあ、楽しそうだなあ……」。缶ビールを呑みながら、いじいじと輪を眺めていたという師匠。その年もそうやって一夜目を過ごし、そして二夜目。ともくんさんが「昨日もいたよね」と声をかけて、踊ろうと誘ってくれたのです。

その会場は殿さまキングスの「ハワイ音頭」がかかり、会社帰りのサラリーマンも飛び込みで踊っちゃうような雰囲気。お酒の力もあり、思い切って輪の中へ入ったら、「も〜、わ〜〜って。

酔踊り中の師匠（隠し撮り）

あれ、寝ちゃった……？

師匠豆情報　14年間かかさず行った会場でかかった曲目を記録しつづけるも、それをまとめたことはない。

すごい楽しくなってしまったんですねえ。あっという間に、盆踊りの深い沼にずぶずぶずぶってハマってね。僕の沈没人生の始まりです」。

終わると同時にともくんさんから次の盆踊り情報を聞き、その夏はほぼ毎夜の勢いで盆踊り会場へ通いまくることに。シーズンが終わっても盆踊り熱は覚めずあちこちの練習会へ参加して、いまに至るのだそうです。

「いつだって明日にやめてもいいって思ってるんですけどねえ」。なんて言いつつ、気づけば14年です。

職業は非常勤のカウンセラー。盆踊り優先で仕事のシフトを決めているので、昨年6月〜10月の盆踊りシーズンに訪れた盆踊り会場はおよそ100。オフシーズンにもいくつもの盆踊りサークルや練習会に参加しているため、3日に1度のペースでどこかしらで踊っているとのことで、それ、ぜんぜん「オフ」じゃないから！

一期一会のこの世界

師匠はしかし、「僕なんか赤子同然です」と謙虚であります。「盆踊り業界には、50年60年踊りつづけているような人がゴロゴロいらっしゃる。魑魅魍魎だらけですから」。

「盆踊りは1万曲以上ある。その土地に行かないと踊れない踊りもたくさんあるし、一生をかけても踊りきれません。いつだって一期一会の気持ちです」。

長野県・善光寺のお盆縁日（戦後間もなく途絶えており2007年に復活）に行った時のこと。「炭坑節」が流れたら地元のおじいさんが「30年ぶりに踊る」と目を輝かせている。東京ではお馴なじみの「炭坑節」でも、その地域でかかることはなかったそうで、それぐらい地域差があるんだそうです。

さらに、「盆踊り会場、盆踊りは生き物」との名言も出ました。「会場を仕切る人が変われば、

師匠の好きな盆踊り会場：『丸の内音頭大盆踊り大会』「会社帰りの人達が踊りの輪に入る雰囲気が好き」

かかる曲目も変わります。世代交代も迫り、いまは過渡期で目が離せない時期」と。

「それに、同じ曲でも翌年には踊り方が微妙に変わったり、地域によって違がったりもするんです。だから一つとして同じ盆踊りはありません」。

盆踊りには民踊（戦前の曲で踊る）と新民踊（戦後の曲で踊る）があり、とくに民踊は「伝承」の世界。記録がないため、同じ先生に習っていても翌年には微妙に変わっていることもあるとか。

夢見るように踊りたい

「自転車で行けるような近場であっても、僕にとって盆踊りに行くのは『旅をしている』感じなんですよね。盆踊りがなければけっして行かなかっただろう路地に入って、知らなかった公園に行く。地元の人たちに交ぜてもらって踊れるのが、魅力なのかもしれませんねえ」とかっこいいことを言っちゃった師匠。

そこで慌てて、「でも僕は、一に睡眠、二にビール、三に盆踊りですから」と謙遜します。とはいえ、緊張しいの師匠にとってビールは盆踊りに必須の燃料。そして睡眠は、連日の盆踊り通いのためには重要ですよね？ そう聞くと、実はそれだけではなく、師匠は夢の中でも盆踊りを踊っている！ という衝撃の事実が。

「見たことも踊ったこともない盆踊りを踊る夢を見て、この振付、斬新だな。こんなに楽しい踊りがあったんだって。未来の盆踊りの体験している感じなんですよねえ。もう、ずーっと寝ていてもいい」。

眠るのも楽しくて、仕方がないんだそうです。

そんな最強盆踊ラーの師匠の身に5年ほど前に降りかかったのが「痛風」でした。それからは歩くときに足を引きずるようになったのですが、しかーし。踊り始めればなんともなくなってしまう

師匠のちょっと変わった盆踊りの楽しみ方：オフシーズンには老人ホームなどで行われる盆踊りもチェック。「事前に電話をして参加させていただくと、みなさん目を輝かせて昔踊った踊りを踊っていらっしゃる。そこで踊れると、も～、嬉しくて楽しくて、ねえ。」

ため、いまじゃみんなから「いつも踊っていればいいのに」と言われるしまつ。

「だから、踊りながら歩けばいいのだ」

赤ら顔。満面の笑みで言いながら、さらに缶ビールをぐびぐび呑む師匠。

た、確かに、これはもう足抜け不可能……。魑魅魍魎の妖怪が、ここにも一匹！

酔っ払い。踊り始める

と思ったら……、寝ちゃった〜

燃料投下で、復活!!

古参盆オドラーあるある：口コミでの情報交換が頼りだった頃、盆踊り会場での三大会話：「天気の話・昨日どこ行った？・明日はどこ行く？」

盆踊り情報サイトのパイオニアに聞く！
盆踊りの明日はどっちだ!?

嘆き節…

「ともくんの盆踊り情報」管理人・ともさん

東京で「盆踊りに行きたいな」と思ったとき、だれもが辿り着くだろうサイト、それが「ともくんの盆踊り情報」です。いまどき珍しい素朴なつくりで、都内の盆踊り情報が月ごと区ごとに分けられてひたすら掲載されているのですが、雨の場合順延するかなど、気になる情報欄もさりげなくあるのが特徴。

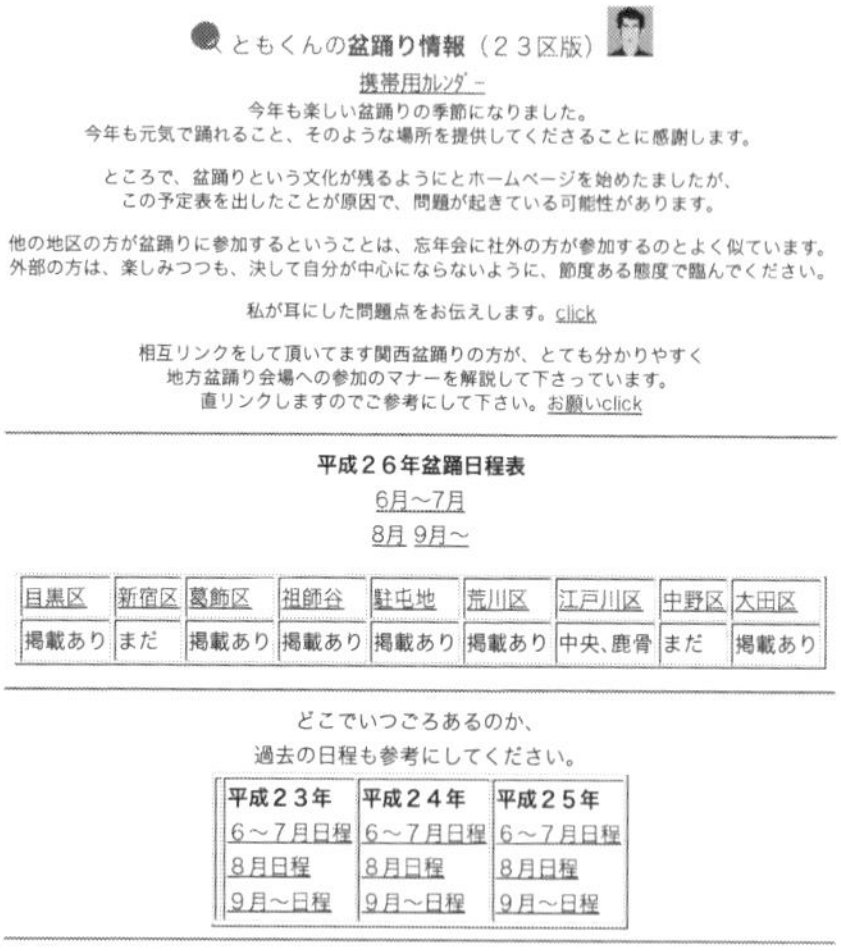

ともくんの盆踊り情報（２３区版）

携帯用カレンダー

今年も楽しい盆踊りの季節になりました。
今年も元気で踊れること、そのような場所を提供してくださることに感謝します。

ところで、盆踊りという文化が残るようにとホームページを始めたましたが、
この予定表を出したことが原因で、問題が起きている可能性があります。

他の地区の方が盆踊りに参加するということは、忘年会に社外の方が参加するのとよく似ています。
外部の方は、楽しみつつも、決して自分が中心にならないように、節度ある態度で臨んでください。

私が耳にした問題点をお伝えします。click

相互リンクをして頂いてます関西盆踊りの方が、とても分かりやすく
地方盆踊り会場への参加のマナーを解説して下さっています。
直リンクしますのでご参考にして下さい。お願いclick

平成２６年盆踊日程表

6月～7月

8月 9月～

目黒区	新宿区	葛飾区	祖師谷	駐屯地	荒川区	江戸川区	中野区	大田区
掲載あり	まだ	掲載あり	掲載あり	掲載あり	掲載あり	中央、鹿骨	まだ	掲載あり

どこでいつごろあるのか、
過去の日程も参考にしてください。

平成２３年	平成２４年	平成２５年
６～７月日程	６～７月日程	６～７月日程
８月日程	８月日程	８月日程
９月～日程	９月～日程	９月～日程

最近は「東京盆踊り情報」などの新しいサイトも増えつつありますが、いまだ「東京・盆踊り・日程」で検索するとトップに出てくる「ともくんの盆踊り情報」。このサイトの管理人であるともくんこととともくんさん……だと呼びづらいので以後ともさんに、お話を伺うのであります。

わたしも10年ほど前、急に盆踊りを踊りたくなってすがったのが、ともさんのサイト。それで「佃島念仏踊り」へ通うようになったので、まさにともさんさまさま。たいへんお世話になっているのであり、緊張します。しかも、師匠の師匠（ややこしい）だし！

足で稼いだ、盆踊り情報

お仕事帰り、スーツ姿で颯爽と現れたともさん。

「盆踊りにハマって、自分のために始めたんです」というサイトの開設は1995年。ちょうどWindows98の出始めた頃で、インターネットはまだあまり普及しておらず、盆踊りの情報収集はほとんどが「口コミ」の時代でした。

当時の勤務先があった中央区では、平日にも多くの盆踊りが開催され、知っていれば仕事帰りに参加できる状況。

「最初はどこでいつやっているんだろうと調べていて、せっかくならデータとして残しておいて今後の参考にしたい、そう思ったんですよね」。

始まりは自分のため。けれど、いち早くつくられたこのサイトに、どれだけの盆オドラーたちがお世話になったことか！

ともさんの信条は、「情報は足で稼ぐ、現地で確かめる」。当時はそれしか術がなかったというのもありますが、地道に各地の町内にある掲示板を巡って、そこにある「盆踊りのお知らせ」の張り紙から情報を集めては、掲載してゆきました。

ネットの普及で、検索すれば23区の区報が全て見られるようになってからも、会社を移って仕事が忙しくなる5年ほど前までは、「現地で確かめてから載せる」を徹底。

「たくさん見てきたので、掲示板の張り紙を見れば、盆踊り会場の雰囲気もだいたい予測できるようになりましたね」と笑うともさん。掲示板愛、じゃなかった、盆踊り愛の塊のような人なのです！

盆踊りにハマったきっかけを伺うと、「きっかけは重要じゃないんです」。そう言われたものの、しつこく聞いちゃいましたよ。

それは、彼女と別れたばかりで寂しかった30歳のころ。職場近くの盆踊りを覗いたら、子どものとき好きだった「大東京音頭」がかかっていたので、踊ってみると――。

「『あんたうまいね。また来なさいよ』っておばさんに言われたのが嬉しくて。当時の盆踊りは、女性といったら自分の親世代の方ばかり。それでも盆踊り会場に行くと、『女の人と会える』というのも、嬉しかったのかもしれないですね」。

実は結婚のきっかけも盆踊り。踊り会場で祭り好きのご家族を紹介され、娘さんと仲良くなってすぐに親公認のお付き合いになったとのこと！昔の「盆踊り＝出会いの場」説を身を持って実証しているともさんなのでした。

ところでハマるきっかけになった盆踊りは、激しい踊りで有名な「ダンシング・ヒーロー」もかかる会場。この曲が衝撃で「知らない世界って、こんなところにもあるんだ！」そう思ったというともさん。「隣の区では？　市では？」と興味が広がり、サイトの充実にもつながっていきました。

いま、東京の盆踊りはどうなっておるのだ

町内の掲示板を見まくり、様々な盆踊りに通いつめ、東京の盆踊りシーンを見つづけてきたと

もさん。実感として「小さな盆踊り会場は減ってゆく一方」なんだそうです。

「とくに２００８年頃ですね。町内の盆踊りをひっぱっていた高齢の踊り手が減ってきたこと。地域の繋がりが薄れて若い人が参加しなくなったこと。また音がうるさいと苦情が来てやめてしまった会場もあります」。

いま、盆踊りって盛り上がっているのだとばかり思っていたんですけど……。それは、「盆オドラーの人口は増えてはおらず、ネットで情報が共有されるようになって、一部の盆踊り好きの人たちが一人で多くの会場に通うようになったため、そう見えるのでは」とのこと。

「情報の共有」の功労者でありパイオニア、それがともさんであります！　けれど会場が飽和状態、あちこちでトラブルも起きるようになったため、そこには激しい葛藤も……。２０１０年からはサイトに問題点も載せて、注意を呼びかけるようになりました。またここ数年は、人が集中してしまうのを防ぐため、小さな会場１つでしか盆踊りの開催がない日はあえて情報を載せないなど、配慮をするように。

ほかにも「踊りが好きな人は目立ちたがり屋ばかり」と、自戒を込めてともさんは言います。

小さい盆踊り会場では、揃いの浴衣は地元の町会の人が着るものですが、そこへ揃いの浴衣できめた踊り好きのグループが大勢参加、一般の人たちが会場とは違う彼らの踊りを手本として踊ってしまい、町会の人たちが悲しく思うトラブルもあったとか。しかも、「ともさんのサイトを見てきた、ともさんのグループ」と誤解されて怒られもしたそうで、苦労が、苦労が見えます……。

ところで、誰もがうまく見えたり踊りが複数あるときに現れる「誰を手本にして踊ればいいのか」問題。これについては、「髪形は『シェフの帽子』みたいなもの」なんだそうです。たいてい地元の揃いの浴衣の人たちの中で、髪を一番高く盛って

好きな盆踊り会場：「会場名は言えないけれど、おじいちゃんから子どもまでいるような町会の小さな盆踊りが好き。」

いるのが先生なので、その人を手本にすれば、そこの会場のオリジナルの踊りを踊ることができるとのこと。勉強になります！

いつまでも あると思うな 盆踊り会場

これから盆踊りに参加してみたいという人は、どうしたらいいのでしょうか。

聞くとともさん、「1年前なら、『もう行かないでくれ』って言っていたかもしれません」。そういままでの苦労をにじませつつ、「でも今日の気分は違う」とのこと。危ない、危ない、今日でよかったです！

「町会のつくる場を楽しんでほしいですね。面白いのも面白くないのも、ダメなのもいいのも、全部含めての『盆踊り』だから」。

また小さな盆踊り会場に行くときは、「浴衣を着ない方がいい」との教えも頂戴しました。「上手く見えるし、気分も出るから」と着用をすすめる方が多い中で、意外なお言葉。

「地元の方は、踊り好きな人よりも、さっきまで見ていた人が踊りたくなって入ってくれるほうが嬉しい。だから歓迎されるんですよ。もし踊り目当てに行く場合でも、『ここの会場の盆踊りが好きで来た』そういう気持ちを持って、そしてなるべくそれを地元の方に伝えてほしいですね」。

「このまま人が押しかけるだけだと、東京では昔ながらの町会の盆踊りがなくなってしまい、大きな会場の商業的な盆踊りばかりが残る可能性も……」。

ともさんは溢れる盆踊り愛で、盆踊りの行く末を憂う。

けれど悩みつつ、「毎年各地の盆踊り情報を自分だけに連絡してくれる人たちがいるので、その人たちがいてくれる限りつづけたい、そう思っています」。

今年もサイトは更新されるとのこと！
注意や問題点をよく読んでから、参加しましょうね〜。

ともさんの好きな盆踊り曲：『にっこりおんど』（表記不明）。子どもの時に地元でかかっていた曲で、「一日三度のごはんを二度に減らしても踊りたい」という歌詞があって好きだった。いつかどこかの会場で巡り逢いたいと思っている。ネットでもほぼ情報なしとのことで、求む、知っている方！

盆踊りはブロックパーティ　だれでもつくれる。だれでも踊る

「ミッドナイト盆踊り」やっちゃいました　の　ぬらりのさん

それっぽいポーズを取ってくれる気のいい
ぬらりのさん

夏は「祭りデザイナー」として各地を飛び回り、冬は怒涛の勢いで音楽イベントなどを主催。錦糸町の河内音頭では知人の屋台を手伝いつつ、ビール片手に輪の中でも踊る。昨年より横浜市の白楽にある「六角橋商店街」で本と野菜と祭りのディストロスペース「ランドリー」を始め、そのつながりから商店街で「ミッドナイト盆踊り」をやっちゃった。

紹介文を書いていて、なにがなんだかわからなくなってきたわけですが、あっちへこっちへ身軽に活動するぬらりのさんに、踊るだけじゃない「盆踊りの楽しみ方」を聞いてみました。

ないならば　つくってしまえ　盆踊り

ぬらりのさんの地元には盆踊りがなくて、あったのは納涼会の中の「民踊流し」というプログラム。「お祭りっぽさ」を演出するため、お金を払って民踊協会の人たちを呼ぶ。見栄えはいいけど、下手な人は入りづらくてだれも踊らないような状況でした。

それを見て、「面白くないよね」と思っていたという、ぬらりの少年。そ、早熟です！　地元が特殊だったとのちに気づくものの、「演出に使われる盆踊り」への不満から、盆踊りへ入っていったのだといいます。

それもあり、「踊り」というより、だれでも参加できる「場」としての盆踊りが気になる。「西馬音内」など完成された盆踊りにも好きなものはあると断りつつも、「酔っぱらった人が入れたり、そんな盆踊りをつくれたり、よそから人が入ることで新しい踊りができてゆく……、そういう文化を含めて、盆踊りは面白い」。

「地元の人も、通りすがりの盆踊りってカルチャーを全然知らない人も、ぱっと入っていけるような祭りや盆踊りを、自分たちでデザインしていきたいなって思いますね」。

そう思えるのは、性格もあるものの、「どこでもなんとかできる」という感覚があるから。青年会や町内会に入り込み、仲良くなって、調整して……。各地で祭りをつくるお手伝いをしてきた経験から、培われたものです。

祭りは人の営み。マニュアルはなく大事なのは、「カンと経験とノリ」。ですが、「キーパーソンを押さえる」「一度でも『やっちゃった』という既成事実をつくると強い」など、ちょっとしたコツもあるんだそうです。

フラメンコ、火吹き芸などが「六角橋商店街」の路上で、同時多発的に行われるカオスなイベント「ドッキリヤミ市場」。その中でぬらりのさんがやっちゃった「ミッドナイト盆踊り」は、さらにカオス。ヤミ市場の参加者や、告知を見て来てくれた救世主の初穂師匠など、30人程の酔っぱらった人たちが集まり、踊りはわからない人もとりあえず音楽にのってぐるぐる回っておこうってゆるい雰囲気の、愉快な盆踊りでした。

「まあ、やっちゃえば、なにかしら形にはなりますよね」とぬらりのさん。

どうやって、やれることになったのでしょうか。それは商店街でイベントを仕切るドンから「ヤミ市場で、真夜中にラジオ体操をやる」と聞いたことから。「真夜中のラジオ体操」だって、もう相当おかしいけど……。

商店街にはサウンドシステムがありました。そ

ミッドナイト盆踊りの様子

とりあえずみんなぐるぐる回ってる

アフター野宿で初穂師匠と語らう
ぬらりのさん

ぬらりのさんの盆踊り曲の楽しみ方：「盆踊りには〈誰かが泣いている、けれど生きようとしている〉という歌が多いんです。たとえば「炭坑節」はルーツミュージックでありブルースでありレベル・ミュージック」歌詞もよく聴こうー。

れでぬらりのさんが、「盆踊りにしよう」と提案すると、ドンは「よし、それでいこう」と即答。入念な根回しがあったのかと思いきや、ものの数秒でした！　とはいえそれもきっと、それまでにちゃんとした関係性を築いていたから。また、カオスな場所やドン的人物を見つけるのも、大事な嗅覚、経験の力、なのかもしれません。

最近ではヘッドホンで各々曲を聞きながら踊る「サイレント盆踊り」などの試みもありますが、「面白いと思うけど、あれには現代の窮屈さも感じる」とぬらりのさん。

ミッドナイト盆踊りは、23～24時の微妙な時間、商店街の近くにマンションもある微妙な立地で開催されたため、「保育園の騒音問題、風営法なんかと絡めても、ぎりぎりのところで戦えるし、面白いですよね」と、挑戦的なのです。

さらに、ゆくゆくは野外でも「爆音盆踊り」をやりたいという野望あり！

「盆踊りＤＪを５人くらい、バンドを２組くらい呼んで……。って、妄想は広がっていきますね」。

ヒップホップ時々レゲエ、のち盆踊り

いままで「サウンドシステム」「爆音」「ＤＪ」なんて単語が出てきたように、ぬらりのさんにとって大事なのが「音楽」。そもそも盆踊りを踊るのも、ダンスミュージックやクラブミュージックを聴いて身体が動くのと一緒の感覚。「ヒップホップやレゲエを通過した身体性を持って盆踊りにはまった」と言います。

それを通過していない身には、いまいちわからないんだけど、「ここは大事」って言ってたから書いたよ！　そして、さらにかっこいい発言が続くよっ！

「じゃあ、俺たちのルーツがなにかって聞かれたらわかんないけど、盆踊りが俺たちのルーツになってもいい。だから、音楽好きがもっと盆踊り

に興味を持ってほしいなって思いがあるんですよね」。

音楽ピープルはこの盆踊りに行け！

ってことで、音楽好きにおすすめしたい、盆踊りを聞いてみました。

「あれは、完全にハードコアパンク」というのが、岐阜県の「郡上白鳥の徹夜おどり」。

「夜中、地元の若い子らが集まってきて、勝手にサークルピットをつくってモッシュが始まる。音とかリズムを楽しんでいるのがいいですよね」。

それから、「いまだったらAKB48とかエグザイルで踊るのと同じ感覚かも知れない」というのが、同じく岐阜県の揖斐川町にある、麻丘めぐみの「わたしの彼は左きき」を倍速回転で踊るという盆踊り。

「あれって、いま50代60代のおっちゃんたちが、青年団にいた10代20代のときに流行っていた歌謡曲を『これで踊るべ』って踊っちゃったものなんです。それがいまも残り踊り続けられているのがすごいし、本来盆踊りって、地元の人がやりたいからつくっちゃう、そういうものですよね」。

そしてそして、音楽好きなら、「河内音頭は抑えるべし！」とのこと。

菊水丸師匠が、歌った「東大阪市長やめさらせ！音頭」はレベル・ミュージック。バックバンドがレゲエの「ボブ・マーリー物語」も革新的で、「河内音頭」や「江州音頭」はつねに音楽として挑んでいる。また、錦糸町の河内音頭は、「踊る・聴く・呑む」が全部あり、信仰がないのに「祭り」になっている稀有な場所、なんだそうです。

ステージ前方は純粋に演奏を聞く人たちのスペースになっており、踊らなくても楽しめますし、ぬらりのさん「本場では一家が歌うけど、錦糸町は対バン方式なのも魅力。こんなに豪華なメンバーが二日間で見られるのはここしかない、さ

ぬらりのさんの新しい盆踊りの楽しみ方：白楽周辺では同じ日にあちこちの公園で盆踊りが。あっちの会場でフランクフルトを食べて踊り、こっちの会場で焼きそばを食べて踊り、缶ビール片手に会場をハシゴ。「フェスみたいな楽しみ方もできる」んだそうです。

らに音響もばっちり（２０１４年に音響システムをパワーアップ）！」と、すっかり宣伝部長のようなものになっちゃった。

「錦糸町には、これからはもっと、普通にクラブへ行くような人たちが集まってくると思います。それでさらに、ヤンキーがナンパしにくるような場所になったら、最高ですよね」。


最後に、「商店街でお店をやっている人、自分の町が好きな人は、盆踊りや祭りに参加してほしいし、自分でもやってほしいですね」とぬらりのさん。「盆踊りはだれでもつくれますから」と言い切った！

「もしもどうやっていいのかわからなかったら、ぼくに声かけてください。サウンドシステムとＤＪと踊り手がいれば、どこでもできるんで」。

ないならば、自分たちでつくちゃおう。だれもかれもが盆踊りを開催する。「一人一盆踊り」の時代がくる……かも!?

ぼくに声かけてください（のポーズ）！

アートと祭りのはざまで いまと昔をつなぐ「現代音頭」なのだ

現代音頭作曲家・山中カメラさん

各地で行われているアートプロジェクトに参加をして、その土地の「現代音頭」をつくっている、いまをときめく「現代音頭作曲家」といったらこの人！　……なんだけど、お住まいが大分県の国東《くにさき》市のためなかなかお会いするチャンスがない、山中カメラさん。

道後温泉で手作りやぐらに立つ
カメラさん

チーム「今日も盆踊り」班は、カメラさんのおっかけとなり、松山の道後温泉まで遠征。「道後温泉まつり」でカメラさんのつくった「道後湯玉音頭」を踊った翌日の興奮冷めやらぬ中、カメラさんについて、作品について、お話を伺ったのであります。

なんでカメラなの？

「音楽がやりたくてですね、地元の音楽の大学に入ったんですけど……」。

とくにやりたかったのは作曲。けれど、基礎の時点で挫折をしたというカメラさん。てっとり早くなにか表現できる方法を探して選んだのが「カメラ」だったのだといいます。風景を撮るのにも飽きたころ、友だちと「裏写真部」というユニットを結成。街へ出て変なことをする自分たちを撮ることから、表現を始めました。

「山中カメラ」という名前も写真を撮るのではなく「カメラを使ってへんなことをする」というところから。大学卒業と同時に山口県からなんのあてもなく東京へ出て来て、ギャラリーやライブ会場でカメラを使ったパフォーマンスを重ねました。そんな「特殊写真家」時代の代表作は、カメラのフィルムを入れるくぼみでシャリを握り、チーズをのせて「ハイチーズ」と寿司をつくるまでをもったいぶっておこなう「カメラ寿司」や、自分が歌う映像を撮ってプロジェクターに再生、過去のじぶんとリアルタイムでコーラスをするパフォーマンス「一人合唱」などなど。

どれも面白くって詳しく聞きたくなってしまいますが、いけない、これは「盆踊りの本」だった！ここからどうやって、「現代音頭」をつくるようになったのでしょうか。

オンドとダジャレとわたし

それは、2006年の「取手アートプロジェクト」。カメラさんは電子楽器、とくにシンセサイザーの元祖である楽器「オンド・マルトノ」が好きで、「これを使った作品をつくれば、取手アートプロジェクトに関わっていた東京芸大所有のオンド・マルトノに触れるかもしれない」と考えたのだそうです。それで、「てきとうに、盆踊りの曲をつくったんですね」と完成したのが、記念すべき現代音頭・第1作目の「マルトノ音頭」。……って、そうか、ダジャレだったんですね。

音頭をつくったのだから、踊りもつくろうということで振り付けもして、プロのオンド・マルトノ奏者の演奏のもと初演（盆踊り大会）を行うと、公民館のような会場には全国から集まったアーティストに地元の人たち、子どもから大人までが手を取り一つになって踊る、一体感あふれる光景が広がっていました。

「それを見てものすごく感動してしまって。ぼくが一番、感動してしまって。盆踊りをやろうと、そのときに思いました」。

もちろんその感動の光景をつくったのは盆踊りの力、そしてなによりカメラさんの作品の力によるものに違いありません。とはいえ、なにが始まりになるかはわからない。わたしたちがいま、カメラさんの現代音頭で踊ることができるのも、オンド・マルトノ（のとくに「オンド」の部分）のおかげなのであって、ありがとうオンド・マルトノ！　ありがとう、ダジャレ！　なのであります。

音頭はつづくよ、どこまでも……

さて、「盆踊りをやろう」と決意したカメラさん。次作は2008年、海を越えての韓国で。取手のアートプロジェクトと親交のある「韓国・ソクスアートプロジェクト」でつくった「ソクス・スウォ

井野ブラス音頭「でもねあたし気に入っているの／井野団地の生活／そうよいつも近くにみんながいるの／いつかもしも家族が増えて部屋が狭くなったら／第二団地に引っ越したらいいのよ」あくまでも井野団地に住まうというご夫妻。泣ける歌です！

レ音頭」でした。

ちょうど反日感情の高まっていた時期で、日本の文化である盆踊りに嫌悪感を持つ人も多く、「これは無理かな」と思ったというカメラさん。けれど諦めず、「韓国の文化とミックスしたものをやりたい」と説明しながら、韓国語で歌詞を書き、アリランのメロディーを取り入れ、韓国の盆踊りのようなもの「カンガンスワレ」も参考につくってゆきました。結果、町の人も協力してくれ、世界中から来ているアーティストや地元のおばちゃんたち100人ほどがノリノリで踊って、大成功。

ほかにも同年の「取手アートプロジェクト」では、「井野ブラス音頭」を取手第一中学校・吹奏楽部の25人のために書き下ろしました。この曲は井野団地を題材につくったため、フロアタムとハイハットが「ダンッ、ッチ、ダンッ、ッチ」とリズムを刻み、踊りには団地の階段を上る動作などが入れられている、またまたダジャレ成分ありの盆踊り。一方歌詞はこどもが生まれたばかりの夫妻に取材をして書いた、私的で叙情的なものになっています。

すごいのが、カメラさんの音頭はどの曲も「踊り継がれている」ということ。取材当時0歳だった男の子が、いまはもう10歳。毎年なにかしら（2014年には男の子の「昔といまの声」が二つのスピーカーから聴こえてくる仕掛けにするなど）更新されながら、井野団地の夏祭りで踊られつづけているのだそうです。

「実はこれもダジャレなんですけどね」なんて一語一語、丁寧に言葉を選んでお話しくださるカメラさん。そんな奥ゆかしいカメラさんをもってして「これはちょっとすごいものをつくってしまったな、と思いました」というのが、「嗚呼、湯けむりが隠すよ　嗚呼、涙まで／嗚呼、温泉が流すよ　嗚呼、涙さえ」のサビのフレーズの繰り返しが切なくもあたたかい、「別府最適音頭」です。2009年の別府のアートプロジェクト「混浴温泉世界」で作成し、一回目のお披露目はライブハウス。

「このときの会場の盛り上がりが異常で、身体が震えるような感動がありました。その一体感たるや、なんなんだこれは、と」。

以降、カメラさんは徳島県神山の「神山スダチ音頭」や鹿児島県吹上町「吹上砂丘音頭」など、名音頭を連発。

「最初は図書館通いから始めて郷土史を読んだり、歴史に詳しい方を紹介していただいたり。大事なのは人をつないでゆくこと。数珠つなぎに人を訪ねてゆくことで、音頭が生まれるんです」。

どの作品も1ヶ月ほどその土地へ滞在、町の人と交流しながら感じたこと、感動したことをもとにつくってゆくのだそうです。

「盆踊りのために長期で家を空けるので、家賃がもったいないと思って……」。東京から離れて、現在は国東市在住。最初は、「別府最適音頭」の制作で別府に滞在していたとき、「温泉もあるし、気候もいいし、物価も安い」と気に入って移り住み、そこからさらに国東へ移動。人の縁で、廃校になった小学校の音楽室を無償でスタジオとして借りて、創作に励んでいます。

コード進行は「©山中カメラ」ってことで!

「震災以降、コミュニティーの重要性が言われるようになって。その流れはあると思いますね」。

ここ数年、新しい盆踊りをつくる動きが活発ですが、その文脈でわたしたちがよく名前を聞くのが「あまちゃん音頭」が大ヒットした大友良英さんや、池袋で「にゅ〜盆踊り」などを手がけるコンドルズ(近藤良平)さんなど。しかしだれよりも早く現代音頭をつくってきたのが、カメラさんなのです。

そもそも、大友さんが盆踊り曲をつくるようになったきっかけもカメラさん。2009年の「混

横浜市歌にのって踊る「よこはまアラメヤ音頭」は、APEC首脳会議で各国の要人の前でも披露されたとのこと！　振り付けの監修がカメラさんですが「多くの人が関わり過ぎて……」収拾が付かなくなった、ちょっと不本意な作品みたいです。がーん。

浴温泉世界」に別の企画で参加していた大友さんが、偶然「別府最適音頭」を体験したことからなのであって、カメラさんはとってもすごいんだぞ〜っと、（カメラさんご自身は言いませんが……）ここに書いておきたい所存ですっ！

そんなすごいカメラさんが「これはぼくが始めたという自負があるんです」というのが、セブンス、メジャーセブン、ナインスを使ったコード進行。

「ダンスミュージックやソウルミュージックは『循環する』というのが大事で、『なかなか終わりたくない』というコード進行なんです。浮遊感もある。それって盆踊りに通じるなと思って。いままでの盆踊りになかったものはこれだなと、意識的にこういうコード進行を使っているんです」。

踊りにも、歌にも、発見あり

「踊りが複雑だと、踊りに気を取られてしまうんですよね。踊りは簡単にして考えなくても踊れるくらいのほうが、ほかのものが見えてくるんだとわかりました」。

最初のころのカメラさんの振り付けは凝っており、「難し過ぎる」とクレームがくることも。しかしここ数年は、踊る所作の意味と音楽、どちらにもよさがあるのでバランスをとりつつ、なるべく踊りは簡単にして「歌詞や音楽を聞きながらトランス状態になる」ことを目指すようになったのだといいます。

ほかに「自分的に大きい」というのが、2013年「こうふのまちの芸術祭」でアーティスト4人が集まりつくった「新縁故節」。昔からある「縁故節」の存在を知って、それを編曲したものですが、これがきっかけとなり「歌詞を集める」とい

コード進行を説明

うことを考え始めたのだそうです。

「踊ると、地続きで昔からいまが体験できる、そういう盆踊りにしたいんです」とカメラさん。たしかに昔を知ることができる盆踊り曲はたくさんあるけれど、いまとつながっていると感じられる曲って、あんまりないような……。

「現在の歌詞もつくっていってそれがふるいにかけられることで、いいものが残っていく。昔の曲がかつてそうだったように、どんどん更新していこうという思いがあります。それは未来をつくっていくってことでもある」。

これが「© 山中カメラ」だっっ！

「新縁故節」のあと、１年がかりで１０８の歌を集めたのが「国東音頭」。２０１４年10月におこなった「時祭（ときのまつり）」での大ボンダンス大会は、１時間半かけて踊り続ける壮大な盆踊りになりました。

「飽きないように、最初はキーボードだけ、そこに大正琴、三味線、小さい音で吹奏楽が加わり、最後に全員が入っての大合奏……というように演奏にもメリハリをつけました」。


ところで、お話を聞いた道後温泉、「道後湯玉

「１０８」にこだわるのは、もちろん煩悩の数だから。それで、「なんで盆じゃないのに盆踊りを踊るのか」と聞かれたら、「盆じゃなくて煩悩の『ボン』。『ボンダンス』なんです」と答えるんだって。

音頭」がつくられたのは2013年12月。月日が経ち、「いまはもう地元の人たちが『自分たちのもの』と思ってくれている。とても有難いことです」とカメラさん。

「そして、曲自体は僕の手を離れていても、盆踊りをやるときは『カメラがいなきゃだめだろう』って礼儀として呼んでくださる。各地、そんな感じですね」。

ということは、このまま音頭をつくりつづけたら、一年中あちこちに呼ばれまくって、めちゃくちゃ忙しくなってしまうのでは……!? 2015年は「現代音頭」をつくり始めて10年の節目の年だというカメラさんから、ますます目が離せません。

今後の抱負を伺うと――。

「海外でもやっていきたいですね。知らない土地にいっぱい行って、知らない風習とかを知れたら。地元の祭りとしてもアートとしても、両方に片足ずつ乗っているようなスタンスで、地元と密着しながらやっていきたいですね」。

そして、「これはいつも言っていることですが」と前置きしてから、

「ドイツのボンでフルコーラスフルオーケストラで、合唱隊もぜんぶつけて、『大ボンダンス大会』をやりたいんですよね」。

最後はやっぱり、ダジャレでした!

やわらかい雰囲気で、どこにでもすっと溶け込んでゆくカメラさん。

試行錯誤を重ねながら、どんどん進化をしてゆくカメラさんの「現代音頭」は、地元の人たちに寄り添い、ときに励まし。踊り継がれて、いつの日か「古典音頭」になるのかも……。そんな、壮大な気持ちにもさせられるのです。

民踊研究会

第3章　ここが好き！　盆踊りLOVE対談

小野&かとう

復活、再評価、新しいカルチャー
まだまだ行きたい全国の盆踊り

小野　行きたい盆踊りはいろいろありますが。まず高速マイムマイム。[*1] 知ってます？

かとう　いや、知らないですー。

小野　八丈島で、高速でマイムマイムを踊るっていうカルチャーがあるらしく。それがテレビで紹介されててすごい楽しそうでした。結構若い人も参加してて。

かとう　へえーー。

―他の盆踊りも踊るんですかね？

小野　他の音頭もかかるみたいですが、やっぱりマイムマイムが一番盛り上がるみたいですね（笑）。今回、行った中でいうと、ノリは一休さん[*2]のところに近い。あと全国でも数少ない徹夜踊りの、新野の盆踊り[*3]（長野県）。扇を持って踊るんですけど、たぶん楽器の演奏とかないんですよ。歌だけ。結構古くからあって、映像見たら奈良の十津川の盆踊り[*4]みたいでした。長野の人に聞いたら知らなかったですね。調べたら結構行くの大変そうなんですよね。

かとう　秋田の西馬音内《にしもない》[*5]は、ずっと行きたいと思っているんだけどなかなか行け

＊1 高速マイムマイム
東京都八丈島の「末吉地区盆踊り」で踊られているそう。高速テンポのマイムマイムで踊る

＊2 一休さん
横浜市鶴見区の總持寺み霊祭り。一休さんのテーマソングで盛り上がる。↓P．52

＊3 新野の盆踊り（長野県）
長野県下伊那郡阿南町で行われている伝統的な盆踊り。3日間にわたり朝6～7時まで徹夜で踊る。音頭の数が7つある。

＊4 十津川の盆踊り
奈良県吉野郡十津川村で行われている古くからの形式を残す盆踊り。両手に扇を持って舞う。↓P．96

＊5 西馬音内
西馬音内の盆踊り。秋田県雄勝郡羽後町西馬音内で行われる。顔の前に「彦三頭巾」と呼ばれる黒い頭巾をかけて踊る。

ないんですよね。日程が、郡上[*6]と白鳥[*7]の徹夜踊りの最終日とかぶって始まって、車がないと行きづらいところにあって。日本三大盆踊り[*8]の一つらしいんですけど、知り合いもあまり行けてない。独特な衣装と踊りで、振り返る動作とかが難しいらしいんですよ。踊れはしなくて、ほとんど観にゆく感じらしいです。

—見るお祭りは有名なのがたくさんあるけど、参加する盆踊りってあまり知られていないような…

かとう　でも郡上は踊れて観光地化してるし、おわら[*9]も輪踊りっていって2時間くらい踊れる時間があって、それが好きでいく人が多い。

小野　ものによって踊れる要素があるのと、見るだけの踊りにわかれますよね。踊り好きの人たちにとっては自分が踊れるのがいい。郡上なんてその最たるものですよね。誰も人の踊りを見ない（笑）。

—（郡上おどりの参加者は）みんな踊れるんですか？

小野　踊れない人もいるけど、うまい人をまねしながらだんだん慣れていく感じです。

かとう　いっぱい曲があるからビビりますよね。15年前くらい、旅行の途中で何の基礎知識もなくて参加したときは、朝まで踊って、ああやっとなんとなく踊れるかなって。でもその頃はまだのんきで人もそんないなかったし地元のひとも教えてくれたりしたから踊れたけど、今は場所の争奪戦みたいになって。なんにも踊れない状態からだとちょっと臆しちゃうかもしれない。最近は踊れるひとばっかりで、いい場所で踊りたくて。

＊6 郡上
岐阜県郡上市で行われる郡上おどり。7月中旬から9月上旬まで、郡上市八幡町の各地で開催される。踊りの種類は10曲。↓P．126

＊7 白鳥
岐阜県郡上市で行われる白鳥おどり。郡上おどりと同様に7月から9月にかけて開催。踊りや曲も郡上おどりと似ているが、白鳥おどりの方がテンポが速く、踊りも難しいと言われている。↓P．126

＊8 日本三大盆踊り
阿波踊り、郡上おどり、西馬音内盆踊りの3つを指していう。

＊9 おわら
おわら風の盆。富山県富山市八尾で毎年9月1日から3日にかけて行われる盆踊り。胡弓を使用するのが特徴で、哀愁のある演奏と優雅な踊りが人気。

―え、いい場所ってどういうこと？　円になって踊るのではなく？

かとう　きょうは○○町の通りって区間が決まっていて、道々で踊っていくんですけど、人が多いから三重くらいになってるんです。で、外側はキュウキュウだから、なるべく前の列に行かなきゃ！　でも地元のひとに悪いし……、ってかんじでしたよね去年は。びっくりした。

小野　横移動とかもあるんで、腕が伸ばせないとちょっと。

かとう　そうそう。

―参加者は年々増えてるんですか？

小野　たぶん徹夜で踊れるっていうのが「え、そんなのあるの？」みたいに広まって、また新しく認知度高まったってかんじじゃないですかね、再評価という形で。昔はどれくらい知名度あったんだろう。地元の人に話を聞いたら、若い頃は近くの町から山を越えて踊りに行ったって言ってましたね。今回、連載でも取り上げた郡上おどりと白鳥おどりは、兄弟的なかんじみたいですけど、たぶんその地域で郡上や白鳥以外でも同じ様な踊りがたくさんあったんでしょうね。場所によって踊りにローカル差が出てる。もともと、あの地域にいろいろな踊りがあったのを、大正時代くらいに郡上おどり保存会が発足して、踊りの種類を限定して体系化したのが現代の郡上おどりのはじまりみたいですよ。白鳥は郡上と差別化を計るために曲のランナップも変えて、若者向けのアップテンポの踊りをたくさん設定したそうです。

かとう　青森のねぶたと郡上でいつも会うひとに聞いたんだけど、白川郷の方に

も郡上っぽい踊りがあってそれを復活させようと、地元の人たち何人かが手弁当で始めたというのがあって。郡上にきているとき、ドライブしてたら見つけて、郡上をやめてそっちを踊ったらすごいおもしろかったからおすすめだよ、っていわれたんです。でも、なんか行こうと思った時は、イナゴの大量発生で中止になっちゃったらしくて。それで行けなかった。

小野　なんで郡上の踊りがそっちにあるんですかね。

かとう　でも近いことは近いよね、岐阜だし。

小野　ちなみに郡上市には寒水踊り[*10]っていうのがあって、これも最近復活した郡上系の踊りで。白鳥の拝殿踊り[*11]みたいに拝殿みたいな場所で踊るらしいです。

かとう　それかな、イナゴのやつ。

小野　いや去年は普通にやってたみたいです。

かとう　ちがった。でも岐阜多いですよね、ぬらりのさんおすすめの、「わたしの彼は左きき」を倍速[*12]で踊るのも岐阜だった。「ダンシング・ヒーロー[*13]」踊るのもそのへん？

小野　愛知とか岐阜ですね。あとサイレント盆踊り[*14]も名古屋のどこかですね。それも気になってた。

かとう　なんか面白いことするのは東京じゃないところですね。東京でそんな変わったやつないですよね。

小野　関西の盆踊りは河内音頭がメインみたいです。河内も今みたいな演奏にギターを入れたりする現代的なスタイルになったのは結構新しいですよね。河内音

＊10 寒水踊り
岐阜県郡上市明宝寒水の踊り。長らく途絶えていたが、平成25年に有志によって復活した。

＊11 白鳥の拝殿踊り
神社の拝殿で下駄の音と参加者自身の音頭だけで踊る、昔ながらの盆踊り。

＊12「わたしの彼は左きき」を倍速で
ぬらりのさんによれば、岐阜のマチュピチュと呼ばれる揖斐川町春日上ケ流地区の盆踊りで踊ったとのこと。

＊13 ダンシング・ヒーロー
愛知県〜岐阜県では荻野目洋子の『ダンシング・ヒーロー』が盆踊りの定番ソングらしい。

＊14 サイレント盆踊り
愛知県東海市大田町の「ザ・おおた・ジャンプフェスティバル」で、参加者がイヤフォンを付けながら踊る盆踊りが実施されて話題となった。音はイヤフォンを通して参加者だけに聴こえるので、周囲から見ると無音で踊っている異様？な光景となる。騒音問題に端を発しているらしい。

頭っていっても曲がめちゃめちゃたくさんあって。いろんなテーマで。美空ひばり物語とか、植村直己物語とか。河内十人斬りとか。「河内十人斬り」は町田康の小説の題材にもなっている実際に明治時代に発生した大量殺人事件なんですけど、昔は事件が音頭となって広まってそれで庶民の人々がニュースを知ったらしいんですよね。しんもん詠み[*15]っていうらしいけど。すげえ凄惨な殺人とかがあると河内音頭になって伝えられた。それが今に残って伝わっていると。

かとう 関西の人たちの踊り納め[*16]というのが奈良であるって聞いて、わたしそれ行ったんですけど、やっぱり河内と、もうひとつ江州音頭。やっぱり関西では、しかも奈良でも河内なんだなって。

小野 そうなんですね～。あと気になる盆踊りは秋田の毛馬内《けまない》盆踊り[*17]ですかね。さっき話題にも出た西馬音内の盆踊り、あと一日市の盆踊りと合わせて「秋田三大盆踊り」って言うらしいです。

かとう あ、毛馬内というのもあるんですね。「全国盆踊りガイド[*18]」っていうサイトにのってます。伝統ある盆踊りがおさえられてるんでこれにはずいぶんお世話になってるんです。各盆踊りのレポートが載っているので、じっと読んで行間から踊れそうか判断したり。

小野 「盆踊り」で検索すると、まずこのサイトが出てくる。

かとう 東京で調べようとすると「ともくんの盆踊り情報[*19]」、最近だと「東京盆踊り情報[*20]」が出てくるんだよね。「全国盆踊りガイド」に毛馬内は十和田南駅から徒歩30分て書いてある。お盆の時期ともずれてるし、これなら行けるかも。

＊15 しんもん詠み
実際に起きた出来事を音頭にすること。

＊16 関西の人たちの踊り納め
東大寺で毎年9月17日に行われる、河内音頭・江州音頭による「十七夜盆踊り」のこと。昭和半ばに中断、1993年に復活。

＊17 毛馬内盆踊り
秋田県鹿角市十和田毛馬内で行われる盆踊り。毎年8月21～23日。

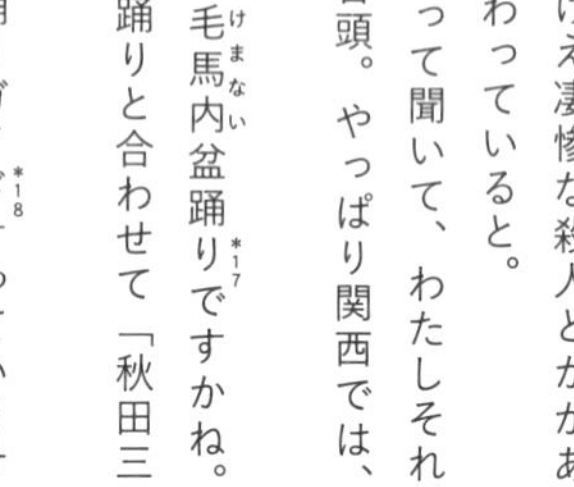
人でぎっちぎち

＊18 全国盆踊りガイド
全国各地の盆踊り情報を掲載したサイト。盆踊りのことを調べるならまずはこのサイトをチェック。
http://www.bonodori.net/index.htm

＊19 ともくんの盆踊り情報
都内23区の盆踊り大会のスケジュールを事細かに

小野　東北でいうと青森には黒石よされ[21]ってあるじゃないですか。あれはねぶたのかっこうしてるけど、踊りは普通で、踊りやすくてよかった。中野に来てることがあって[22]踊りました。

かとう　今別の荒馬踊りもねぶたの衣装だった。男女ペアで、扇子を持って踊るんだけど、ハードなの。青森はねぶたの影響がすごいのかな。北海道にはへそ踊り[23]とか、イカイカ[24]……

小野　奇祭系ですね。会社の北海道出身の子に聞いたところ北海道の人なら踊ったことある、という盆踊りがあるらしいですけど。会津のかんしょ踊り[25]は、復活系ですね。「会津磐梯山」的な流れで。それがすごいテンポが速い。福島県ってこともあるのか、数年前に東京の反原発デモで「怒りのかんしょ踊り」とかって踊られてました。

かとう　道後湯玉音頭でも、やぐらの上でメガホン持って練り踊るって、あれ完全に一揆とかデモですよね。盆踊りデモやればいいんじゃないかと思っちゃった。主張ないけど。

小野　確かに。何か主張して！

かとう　道で踊らせろーって。

記載した個人サイト。情報の網羅がすごく、東京の盆踊りマニアは全員このサイトをチェックしていると言っても過言ではない。↓P・184
http://homepage1.nifty.com/cpa-iizuka/bon/

＊20「東京盆踊り情報」
行った会場のレポートがメインのサイト。かかった曲すべてを記載するなど盆踊り愛がハンパじゃない！　http://www.mariamaria-y.com/toukyounobonnodori.htm

＊21 黒石よされ
青森県黒石市で行われている盆踊り。ねぶた祭りのハネトの衣装を着て踊る。「エッチャホー、エッチャホー」という掛け声が特徴。

＊22 中野に来てることがあって
東北復興大祭典なかの。平成24年から毎年秋に開催されているお祭り。ねぶたの運行や伝統芸能の披露、物産展など、東京で行われる東北イベントとしてはかなり大規模。

＊23 へそ踊り
北海道の中心、富良野市の新相生通り商店街で行われる「北海へそ祭り」で踊られる踊り。毎年7月28、29日に開催。

＊24 イカイカ……
いか踊り。函館市の名物でイカをテーマにした踊り。毎年8月上旬に行われる函館港祭り・わっしょい函館のパレードで踊られる。フェリーで近いこともあって青森ねぶたと隔年で遠征し合いもする。

＊25 かんしょ踊り
福島県の会津で行われている盆踊り。テンポが速く、躍動感のある動きが特徴。↓P・74

生歌文化派と、レコード派にわかれる？踊り好きの実態

かとう　踊り好きな人は、会場がたくさんあり過ぎて、忙しいですよね。

小野　踊り好きって東京にしかいないんですかね。

かとう　関西にもいると思うけど。でも関西の人は河内音頭ですよね。東京は特殊な感じがしますよね、もうなんか3ヶ月くらい毎日のようにどこかしらであるみたいです。

小野　でも踊りがうまくて詳しい人が、意外と月島の盆踊り[*26]知らなかったり。話をすると「え、何それ」みたいな。生歌の盆踊り大会が珍しいみたいで。東京の踊り好きの人は基本レコードなんですかね、生歌じゃなくて。

かとう　私はじつは盆踊りより熱心にねぶたに通ってるんですけど、ねぶたが好きな人は、祭り感というか伝統文化系のものにはまる傾向があるんですよね。だからねぶたで会った人と郡上で会ったり、月島で会ったりする。生歌文化派と、レコード派にわかれる気がします。

小野　レコード派は、普通に炭坑節とか東京音頭とか。

かとう　シーズン中は毎日どこかであるから、毎日楽しめる。

小野　音源さえあれば、どこでも踊れちゃうのがいいですよね。なかには、踊り

＊26　月島の盆踊り
東京都中央区佃の盆踊り。やぐらの上のおじいちゃんがバチとマイクを手に、一人で音頭をとる。東京でも珍しい昔の雰囲気を残した盆踊り。↓P．12

で遠征する人もいますけどね、佐藤さん[*27]とか。

かとう 佐藤さんは郡上踊りがお好きで遠征してる。

小野 基本は都内の色んな所行ってますよね、今年は100件いったとか。

かとう 会社帰りにサクッと、週5くらいで行ってる。楽しそうにニコニコ踊られてて。

小野 会場でお会いすると教えてくれるんですよ、「こうしたらいいよ」って。

かとう みなと区民まつり[*28]っていうのが9月か10月頃あるんですけど、それが外で踊れる最後のほうの盆踊りだよって初穂師匠に教えてもらって行ったんですけど。9月を過ぎると、祭りの中に盆踊りが組み込まれてて。

小野 盆踊りが主じゃないんですよね。

かとう 何時から何時に盆踊り、って。踊り好きの方々は、それを目指していくらしいんです。

小野 ちょっと異常（笑）。

かとう よく考えたら異常だよね。それで祭り系もどんどん終わっていって、みなとまつりが最後のほう。

小野 郡上も入ってるやつですか？

かとう そうそう。それに行ったら、見たことある人がいっぱいいるなあと。それで誰かが、「ここに都内の盆踊り好きがみんな集まってるから、今ここに飛行機が落ちたらもう盆踊りがダメになるんだ」って言ってた（笑）。

小野 すごい、エクストリーム（笑）。

＊27 佐藤さん
盆踊り会場でよくお会いする、小野とかとうの知り合い。

＊28 みなと区民まつり
港区民のつくる、参加者20万人以上らしい巨大な祭り。おおむね10月第2土日に芝公園一帯でおこなわれる。

かとう　盆踊りに何回か行くと、あの人の顔、というか踊る姿、見たことあるってなる。でも非常にハードな趣味ですよね。シーズンオフにも自主盆踊り会や練習会がたくさんあるし。体持たないですよね、みなさんすごすぎる……。

小野　遠征して、参加もしますからね。コンプリートはなかなか難しいし。日本中の知られざる盆踊りに行ってみたいですけどね。

かとう　地方とか島とか、実はけっこう朝までやってるような盆踊りがあるみたいなんですけど、地元に受け入れられないとなかなか参加しづらくって、生歌の盆踊りをすごい好きな知人は毎年通って、信頼関係をこつこつつくってゆくみたいです。

小野　観光的には見るだけの方がわかりやすいですからね。参加型は難しい。

かとう　音楽も楽しめるのは、残るかもしれないですね。錦糸町河内音頭も、踊らなくても楽しいですよね。

小野　ああ、確かに。ステージがあって、客席があって。

かとう　レコードの方も、踊りがうまくなったらさらに楽しくなるんだろうとは思うけど……。

—日本舞踊的な？

かとう　日本舞踊をやっている方もいますよね。おわらの練習会に時々行ってるんですけど、「あなたも日本舞踊をやれば、おわらがうまくなるよ」って言われた。たしかにおわらの踊りは日本舞踊を取り入れた、見せる踊りなんですけど。でも、そりゃ大変だし、本末転倒だよ！　って（笑）。月謝も高いし。

人と仲良くなる・健康にいい・世界が広がる…だから今年も盆踊り

かとう　盆踊り行くと、なんか意外と人と仲良くなるなって。地元の人に話しかけやすい。「あ、踊るんだ」って、向こうの人がやわらかくなる。

小野　世界が広がりますね。盆踊りがないとなかなか奈良の十津川とか行かない。

かとう　去年はあちこち行き過ぎて、辛いなと思いましたよ。腰に来たし。でも腰は痛いけど夏の間めちゃめちゃ快調で。日々踊って運動してるじゃないですか。すばらしいですよね。健康にいい！　冬になったら急に体力落ちるし、体重増えるし。動くのもかったるくなって。

小野　去年の盆踊りシーズンはすごい足が荒れて。皮が剥けまくって一瞬水虫かな？ってビビリました（笑）。雪駄はくと気持ちいいですけどね。指の股がぴっと開いて。健康にはいいかも。

かとう　盆踊りしてると、着物とかゲタに慣れる。

小野　かとうさん、着物の先生的な資格[*29]持ってるんですよね。

かとう　はい、もうすべて忘れましたけど。おそろしい。

小野　着物は見ちゃいますね。遠征先で地元ならではの着物を、チームで着てた

＊29 着物の先生的な資格　山野流の奥伝講師資格。大枚はたいたもののまったくモノにならず。

りするとうらやましい。

かとう　郡上や白鳥のちょっとヤンキーっぽい若い子たちの揃いの浴衣とか、年配の人が派手な着物を着てるといいですよね。長生きしますよ、きっと。おわらの練習会を主催してるドン[*30]が80代で、50代の人もいるけどその会の平均年齢は70歳くらいなんですよ。そういう人たちがお茶飲みがてら集まってお元気に踊ってる。

小野　佃島で踊ってるおじいちゃんとかよくないですか。なんかワイルドなかんじで。

かとう　みんな全然違うんだけど、もうそれで完成されてて。まったく真似出来ないですよね。

小野　そこはどれが正解かほんとわかんないですよね。

かとう　いつも踊る前に熱心に教えてくれる保存会のおじさんが一人いるんだけど、いざ踊ってる人を見ると、みんな全然違う。

小野　あれは年を重ねないと出せない味わいがある。先生とかいないんだろうし。

かとう　先生と言えば、盆踊り好きが集まっているサークルがいくつかあるみたいで、何度か参加させていただいたのが「あすか会」さん。そこから「よつば会」さんの練習会にお邪魔しましたよね。

小野　やっぱりそういった練習会で先生にならうと、踊りの基本がわかっていいですよね。僕はヘタクソで全然覚えない落第生ですけど（笑）

かとう　覚えられないですよねー。東白楽でやってる盆おどり部[*31]は、町内の盆踊

＊30 おわらの練習会を主催しているドン　台東区の富山県人会所属の80代男性。趣味は日舞、盆踊り、バドミントン、なんかの宗教など。謎が多い。かとうは錦糸町の河内音頭で出会った。

FC岐阜の試合会場で催された白鳥おどり。地元の若い女子3人がそろいの浴衣で着飾っている

り大会で踊る人や踊れる人が少なくなって盛り上がらないってことで、先生にひとり来てもらって、公民館で町内の方たちが練習してるんですけど、ゆるくて楽しいです。先生はボランティアで毎回汗だくで教えてくれるんです。ありがたや。

小野　ここ数年、いろんな盆踊りに参加して意外に踊りって楽しいんだなって思えたんですよね。高校生の頃なんて、家の前で盆踊りやってると「うるせぇ！」と思ってたのに。

かとう　わたし、音楽的な何かが欠落してて、ライブとか行っても何か自分のリズム間違ってるんじゃないかって不安をぬぐいきれないんですよ。あとこの揺れでいいのか、とか。それが盆踊りだとある程度決まったかたちがあるので、できない人間にとって非常にラクですね。何もないとちょっと、というところでノリやすい。で、きっと少し踊れてきたらちょっとだけ崩せばいいし、楽しみ方もいろいろある。

小野　確かに、あまり日常的に踊る機会なかったんで新鮮でしたね。友だち同士で「ちょっとカラオケする？」とかあるかもしれないけど、「ちょっと踊る？」とかないですよね（笑）。あと、普段はしない動きをするんで、やってみると楽しい。

かとう　あとあの反復性が。トランス状態になるし、一体感もね。

小野　たまに盆踊りイベントで「ここからここは自由に踊ってください」とかあるんですよ。そうなると何すればいいんだ!?って戸惑ったり。型があって、しばられて踊るとやりやすいというのがあるので。自由にといわれても、けっこう困っ

＊31 東白楽でやってる盆おどり部
２０１４年10月に発足。住職さんが発起人となり、町内会長さん、八百屋さんご夫妻、近所の子などが参加。めちゃくちゃアットホーム。

小野とかとうも時々参加させていただいている、盆踊り教室よつば会の練習風景

ちゃう。

かとう　ねぶたも究極の反復運動だしなあ。跳ねるのって、単純なだけに難しくもある。あれくらいがいいな。あれでケンケンしないで好きなように囃子にノッて動けって言われたら、どうしていいかわからない。

小野　ねぶたはシンプルに見えますけど、うまい人との差がめちゃくちゃ出ますよね。

かとう　体力も必要だから、みんな走り込みしてるらしいですよ。年配の方は熟練の技があるけど、体がついていかなくなるから、作っていかないとって。

小野　ストイック（笑）。そういえば地方の盆踊りって若い人がちゃんと参加してるんですよね。娯楽のひとつとして、楽しんでる。

かとう　郡上とかはほんとうに出会いの場になっているらしくて、若い子たちはナンパ橋って呼ばれている橋で夜中溜まってたりするんですよね。

小野　確かに出会いありそうだな。みんな何日も徹夜だし。

かとう　東京はそんなのないですよね。

小野　東京は他に出会いの場いっぱいあるし（笑）。東京の盆踊りは年配の方が多いですよね。

かとう　東京は若い人は踊らない。

小野　恥ずかしくて。

かとう　地元の盆踊りとかもちゃんとご近所づきあいしてないと、行く機会ないですよね……。

小野　ぼくも地元愛みたいのはないんだよな。だけど全然、地元と関係ないところのだけ踊ってるとマニアックで終わっちゃうかもしれないけど、カメラさん[*32]みたいに新しく盆踊りを作っていくと新しい地元愛みたいのを持てるかもしれない。

かとう　もうひとりひと盆踊りくらい作ると、愛着持てるかもしれない。みんなで作りましょうよ！「今日も盆踊り」音頭もつくろう－！

＊32 カメラさん
現代音頭作曲家山中カメラさん。日本各地でご当地盆踊りソングを作っている。↓P．196

おわりに

「なんで大玉、転がしてるんだろ……」

とある町内の運動会で、70代の女性ときゃっきゃと大玉を転がしながら、なにがなんだか、わたしは不思議に思うのでした。学生の時あんなに面倒くさいと思っていた運動会も、数十年ぶりに参加すると意外と楽しめるって発見とともに。

数年前の錦糸町の河内音頭です。偶然お話しした80代の男性が富山市八尾の出身で、月一でおわらの練習会を主催していると聞き、それから時々参加させてもらうようになったのでした。その会は、練習会という名目のお茶会で、わたしの踊りはまったく上達しないものの、年配の方々のお話しを聞いているのはそれはそれで楽しい時間。なんて思っていたら、なぜだか運動会へも参加することになっていた……。

だから、盆踊り。踊るのはもちろんだけど、思いもよらずに人と出会って、思いもよらない出来事につながってゆく、そういうのも魅力なんじゃないか、なんて気がしています。

思いもよらないといえば、そもそも、盆踊りにこんなに通うようになるだなんて、思いもしませんでした。郡上や白鳥踊り、東京では佃島念仏踊りなど、いくつか通っていたところはあったけれど、もうこれで十分楽しいし手いっぱい、そう思っていたのです。

けれどすてきな盆踊りは、日本全国にたくさんあって。はまってしまえば、無理もきくもの。去年は盆踊りを目指して、小野さんや踊り好きな友達と、あっちへこっちへ。それはそれは、楽しい夏だったのです。

「一拍二拍の拍ってなに？」って聞いちゃうくらい音楽的素養の欠如しているわたしでも、とりあえず見よう見まねで踊っていればなんとかなる。なんど踊ってもなんにも覚えていなくっても、毎回新鮮な気持ちで踊れるってことで。そう前向きにとらえることにして――。

さあ、今年もまた、盆踊りの夏がやってくる！

かとうちあき

盆踊りで出逢い、お世話になったみなさま方にふたりから感謝をこめて。

小野和哉
1985年、千葉県出身。編集者・ライター。乙女心より純情（複雑）なドウテイ心をむやみに探求する雑誌『恋と童貞』の編集長。好きな盆踊り会場は「佃島の念仏踊り」。好きな音頭は「ナニャドヤラ」。

かとうちあき
1980年、神奈川県生まれ。人生をより低迷させる旅コミ誌『野宿野郎』編集長（仮）。著書に『野宿入門』（草思社）など。好きな盆踊り会場は「錦糸町の河内音頭」。好きな音頭は郡上おどりの「猫の子」。

初出
第1章　「今日も盆踊り　2014年夏」http://tababooks.com/taxtbinfo/bondance

撮影　宮坂恵津子（カバー、p.1,10,48,176,204,224）
錦糸町河内音頭を楽しみにしております。お祭り大好き。昨年は初めて神輿を担ぎました！御神輿担ぐといいことありますよ。

絵　にゃんとこ
お祭り大好き、盆踊り大好き、郷土芸能大好きなにゃんとこ。いろんな場所に現れては一緒に踊ったりしてるよ。公式HP → http://nyantoko.jimdo.com　お祭り情報などをつぶやきます→ https://twitter.com/nyantokonyan

今日も盆踊り

2015年7月21日　初版発行

著　者　小野和哉
かとうちあき

装　丁　フヒトデザイン
発行人　宮川真紀
発　行　合同会社タバブックス
東京都渋谷区渋谷1-17-1 〒150-0002
tel:03-6796-2796 fax:03-6736-0689
mail info@tababooks.com
URL http://tababooks.com/
印刷製本　シナノ書籍印刷株式会社
ISBN978-4-907053-10-9 C0095